Möchten Sie diese Interpretationshilfe lieber am PC oder auf Ihrem Smartphone nutzen? Über folgenden Zugangscode können Sie die digitale Version dieses Bandes freischalten.

WWW.LEKTUEREN-VERSTEHEN.DE

Ihr persönlicher E-Book-Code:

7099-6-5V3SDH4S

Alle weiteren Infos finden Sie unter:
www.bange-verlag.de/E-Book

KÖNIGS ERLÄUTERUNGEN
BAND 500

Textanalyse und Interpretation zu

Ödön von Horváth

DER EWIGE SPIESSER

Wolfgang Reitzammer

Alle erforderlichen Infos zur Analyse und Interpretation
plus Musteraufgaben mit Lösungsansätzen

Bange Verlag

Zitierte Ausgabe:
Horváth, Ödön von: *Der ewige Spießer.* In: Ders.: Gesammelte Werke. Kommentierte Werkausgabe in Einzelbänden, Band 12. Hrsg. v. Traugott Krischke unter Mitarbeit von Susanna Foral-Krischke. Frankfurt/Main: Suhrkamp, 2001, 7. Aufl. 2019, S. 127–275.

Über den Autor dieser Erläuterung:
Wolfgang Reitzammer, Studiendirektor a. D., Seminarleiter und -lehrer für das Fach Sozialkunde, unterrichtete zuletzt am Christian-Ernst-Gymnasium, Erlangen Deutsch, Sozialkunde und Geschichte; Schulbuchautor, Verfasser didaktischer Aufsätze, Tätigkeit als Herausgeber von Editionen im Literaturunterricht, Dozent für Deutsch und Sozialkunde an der Fachhochschule und an der Volkshochschule, Verantwortlicher des Kultur-Blogs www.cooltourist.de/

MIX
Papier | Fördert gute Waldnutzung
FSC® C104521
www.fsc.org

1. Auflage 2023
ISBN: 978-3-8044-2099-1
PDF: 978-3-8044-6099-7, EPUB: 978-3-8044-7099-6

Titelbild: Ein 6-Zylinder-Kabriolett von Citroën 1929 © picture alliance / ullstein bild | Zander & Labisch
Druck und Weiterverarbeitung: Plump Druck & Medien GmbH, Rheinbreitbach

1 DAS WICHTIGSTE AUF EINEN BLICK – SCHNELLÜBERSICHT

Damit sich Leser:innen in unserem Band rasch zurechtfinden und das für sie Interessante gleich entdecken, hier eine Übersicht:

Im 2. Kapitel wird **Ödön von Horváths Leben und Werk** kurz vorgestellt. Dazu wird auch der **zeitgeschichtliche Hintergrund der Jahre 1928 bis 1931** erläutert.

S. 11 ff.

- Ödön von Horváth wurde **1901** geboren, wuchs in Belgrad, Budapest, München, Preßburg (heute: Bratislava) und Wien auf, wo er 1919 das Abitur erfolgreich ablegte. Als Student der Germanistik und Theaterwissenschaft in München begann er mit ersten literarischen Versuchen. Ab 1926 kam es zu Inszenierungen seiner ersten Theaterstücke, 1929 erhielt er einen Vertrag beim Ullstein-Verlag. In den Jahren 1931 und 1932 wurden seine bekannten Volksstücke in Berlin uraufgeführt. Nach dem „Anschluss" Österreichs an das Deutsche Reich verlässt Horváth Wien. Am 1. Juni **1938** stirbt er in Paris, weil er während eines Gewitters von einem herabstürzenden Ast getroffen wurde.

S. 15 ff.

- Der Roman *Der ewige Spießer* spielt am **Ende der 1920er Jahre** in **München**. Diese Zeit ist geprägt durch die **Weltwirtschaftskrise**, die in Deutschland durch hohe Arbeitslosigkeit, Unternehmens-Insolvenzen und Einbrüche am Aktienmarkt spürbar war. Außerdem entwickelte sich eine zunehmende **innenpolitische Radikalisierung**, und es begannen heftige Auseinandersetzungen zwischen kommunistischen und rechtsradikalen Gruppierungen. In **Spanien, Italien und Österreich** war die demokratische Ordnung durch rechtsradikale und faschistische Bewegungen schon außer Kraft gesetzt oder in Gefahr.

- Andere bekannte literarische Werke von Ödön von Horváth sind die Theaterstücke ***Geschichten aus dem Wiener Wald* (1931)**, ***Kasimir und Karoline* (1932)** und ***Glaube Liebe Hoffnung* (1933, UA 1936)** sowie der Roman ***Jugend ohne Gott* (1937)**.

Im 3. Kapitel wird eine **Textanalyse und -interpretation** geboten.

Der ewige Spießer – Entstehung und Quellen

Der Roman ist in den Jahren 1928 bis 1930 entstanden. Schon in früheren Prosaarbeiten hat sich Ödön von Horváth mit dem Kleinbürgertum und mit der Rolle der Frau beschäftigt. Der Roman wurde Ende 1930 im Propyläen-Verlag (einem Sub-Label des Ullstein Verlags in Berlin) veröffentlicht. S. 29 ff.

Inhalt:

- Im ersten und gleichzeitig längsten Teil des Romans steht Alfons Kobler im Mittelpunkt. Der unseriöse Münchner Autohändler hat mit einem minderwertigen Cabriolet ein gutes Geschäft gemacht und startet nun von seinem Gewinn eine Bahnreise zur Weltausstellung in Barcelona. Dabei durchfährt er Deutschland, Österreich, Italien, Frankreich und Spanien, er lernt verschiedene Mitreisende kennen. Sein Ziel, dabei eine reiche Touristin zu erobern, scheitert jedoch, und er macht sich frustriert wieder auf den Rückweg. S. 33 ff.
- Der zweite Teil schildert das Schicksal des Fräuleins Anna Pollinger, die als Sekretärin in einer Kfz-Vermietung im September 1929 arbeitslos wird. Aus finanzieller Not sieht sie sich gezwungen, als Aktmodell und später sogar als Prostituierte Geld zu verdienen. S. 44 ff.
- Im dritten Teil lernt Anna Pollinger den ebenfalls arbeitslosen Eugen Reithofer kennen, der von ihrem Nebenerwerb zunächst abgestoßen ist, ihr dann aber doch selbstlos zu einer Stelle als Schneiderin verhilft. S. 46 ff.

Chronologie und Schauplätze:

S. 49 ff.

Der Roman hat drei unterschiedlich lange Teile. Teil 1 enthält 26 Unterkapitel, Teil 2 nur elf und Teil 3 gerade noch sechs. Der Zeitraum des Romans erstreckt sich von Mitte September bis Anfang November 1929. Schauplatz ist die Innenstadt von München, dazu kommen im ersten Teil die Stationen von Koblers Bahnreise von München über Mailand und Marseille bis Barcelona und im zweiten Teil ein Ausflug an den Starnberger See.

Personen:

Die Hauptpersonen sind:

S. 54 ff.

Alfons Kobler

- ist 27 Jahre alt, war ein windiger Autoverkäufer bei der Firma Gebrüder Bär, macht sich dann aber selbstständig.
- Er lässt sich von einer deutlich älteren ehemaligen Hofopernsängerin finanziell aushalten und wohnt bei der Arztwitwe Perzl zur Untermiete.
- Mit dem Erlös aus einem Autoverkauf startet er eine Reise zur Weltausstellung nach Barcelona.

S. 59 ff.

Anna Pollinger

- etwa 21 Jahre alt, war Sekretärin bei der Kraftwagenvermietung „National" und wird nach der Liquidation dieser Firma arbeitslos.
- Aus finanzieller Not und auf Ratschlag ihres Zimmernachbarn Herrn Kastner verdingt sie sich als Aktmodell und Prostituierte auf der Straße.

S. 61 f.

Eugen Reithofer

- Der Mittdreißiger ist ein arbeitsloser Kellner aus Österreich, der auf dem Arbeitsamt Anna Pollinger kennenlernt.
- Obwohl er sich von der Prostituierten getäuscht fühlt, hilft er ihr bei der Erlangung eines Arbeitsplatzes als Schneiderin.

Rudolf Schmitz S. 62 f.

- Der Endfünfziger fährt als österreichischer Journalist im Auftrag mehrerer Zeitungen zur Weltausstellung nach Barcelona.
- Im Zug lernt er Alfons Kobler kennen, den er durch sein umfassendes Allgemeinwissen beeindruckt.

Rigmor Erichsen S. 63

- Die junge Frau ist die Tochter eines Großindustriellen aus Duisburg.
- Auf der Bahnfahrt nach Barcelona trifft sie Kobler und Schmitz im Abteil und verbringt mit den beiden ein paar Tage auf der Weltausstellung.
- Koblers Hoffnung auf eine ertragreiche Liaison kann sie jedoch trotz einer gemeinsam verbrachten Nacht nicht erfüllen, da sie bereits mit einem amerikanischen Geschäftsmann verlobt ist.

Herr Kastner S. 63 f.

- Ein Mann mittleren Alters, der ebenfalls in Untermiete bei Anna Pollingers Tante wohnt.
- Er hat es – ohne Erfolg – auf Anna abgesehen, vermittelt ihr den Job als Aktmodell und gibt ihr, wohl mit Hintergedanken, die Empfehlung, ihre Weiblichkeit „praktisch" zu nutzen, sprich, ihren Körper zu verkaufen.

Harry Priegler S. 64 f.

- Priegler ist ein junger, gutaussehender und finanziell offensichtlich gut ausgestatteter Eishockeyspieler, der bei Frauen bestens ankommt.
- Er lädt Anna mit seinem Sportwagen zu einer Spritztour an den Starnberger See ein und erwartet auf der Rückfahrt eine sexuelle Gegenleistung.

Die **Personenkonstellation** muss infolge der Dreiteilung des Romans differenziert betrachtet werden. Nur Anna Pollinger kommt in allen drei Teilen vor, während Alfons Kobler nur im ersten Teil und Eugen Reithofer nur im dritten Teil die Hauptrolle spielt.

Stil und Sprache Ödön von Horváths:

S. 72 ff.

Der Roman ist in einem normal- bis umgangssprachlichen Ton geschrieben, eine gewisse Nähe zum großstädtischen oberbayerischen Dialekt ist immer wieder erkennbar. Der Satzbau ist recht einfach gehalten. Die wörtlichen Reden der Personen sollen oft deren Unlogik und deren mangelndes Bildungsniveau verdeutlichen; hinzu kommt der die Figuren entlarvende Einsatz von Phrasen.

Verschiedene Interpretationsansätze bieten sich an:

S. 78 ff.

- Wie der Titel schon andeutet, geht es um eine Typologie des Spießers vor dem Hintergrund einer politisch und wirtschaftlich krisenhaften Zeit in Deutschland. Gleichzeitig scheint es sinnvoll, die weitere Entwicklung des abwertenden Begriffs „Spießer“ bis in die Gegenwart zu analysieren.
- Die Reise von Alfons Kobler von München nach Barcelona erinnert an das Motiv einer klassischen Bildungsreise. Hier ist allerdings ein definitiv Ungebildeter unterwegs, der mit der Reise ganz andere, nämlich handfest materielle und hedonistische Interessen verbindet.
- Ein zentrales Motiv bei Horváth ist die Dummheit, die sich in der Sprache und im Verhalten seiner Personen manifestiert und die der Lächerlichkeit preisgegeben wird.
- Der Roman kann auch als soziologische Studie verstanden werden, als ein Panorama des Mittelstandes und des Kleinbürgertums während der Weltwirtschaftskrise.
- Ein anderer Typus, der bei Horváth eine wichtige Rolle spielt, ist das junge „Fräulein“. In einer von Männern dominierten Gesellschaft mit autoritären Strukturen werden diese Figuren in seinen Dramen und Romanen zu Opfern der Verhältnisse.

ÖDÖN VON HORVÁTH: LEBEN UND WERK 2

2.1 Biografie

Jahr	Ort	Ereignis	Alter
1901	Susak bei Fiume	Als erster Sohn des ungarischen Diplomaten Dr. Ödön Josef von Horváth (ab 1909 in den Adelsstand erhoben) und seiner Ehefrau Marie Hermine, geb. Prehnal, kommt Ödön (= Edmund) Jusip von Horváth am 9. Dezember in Susak, einem Vorort von Fiume, dem heutigen Rijeka (Kroatien), zur Welt.	
1902	Belgrad, Budapest	Übersiedlung der Familie nach Belgrad	1
1903	Belgrad	Geburt des Bruders Lajos	2
1908	Budapest	Übersiedlung der Familie nach Budapest, Ödön erhält ersten Privat-Unterricht in ungarischer Sprache.	7
1909	München	Versetzung des Vaters und Umzug der Eltern nach München. Ödön bleibt vorerst in Budapest und besucht das erzbischöfliche Internat und Gymnasium „Rákóczianum".	8
1913	München	Umzug nach München zu seinen Eltern. Besuch zweier Gymnasien: Kaiser-Wilhelm-Gymnasium (3. Klasse) und Realgymnasium in der Klenzestraße	12
1916	Preßburg	Übersiedlung der Familie nach Preßburg (heute: Bratislava). Besuch der Oberrealschule in Preßburg; früheste erhaltene literarische Versuche.	15
1918	Budapest	Umzug der Familie nach Budapest	17
1919	Wien, München	Ödön lebt bei seinem Onkel Josef Prenahl und schafft die Matura (= Abitur) am Privatgymnasium der Salvatorianer in Wien. Danach immatrikuliert er sich an der Ludwig-Maximilians-Universität in München für die Fächer Germanistik, Theaterwissenschaft und Psychologie.	18

Ödön von Horváth
© picture-alliance/dpa | Bifab

2.1 Biografie

Jahr	Ort	Ereignis	Alter
1920	München	Kontakt zu dem Komponisten Siegfried Kallenberg (1867–1944). Arbeit an der Ballettpantomime *Das Buch der Tänze.*	19
1922	München	*Das Buch der Tänze* wird in München aufgeführt und im Schahin Verlag veröffentlicht.	21
1923	München, Murnau	Umzug zu den Eltern nach Murnau am Staffelsee. Intensive schriftstellerische Arbeit (z. B. das Stück *Mord in der Mohrengasse*), gleichzeitig Beendigung des Studiums ohne Abschluss.	22
1924	Berlin, Paris	Umzug nach Berlin. Parisreise. In der Satirezeitschrift *Simplicissimus* erscheinen Horváths *Sportmärchen*.	23
1926	Berlin	Drei Stücke von Horváth werden aufgeführt: *Das Buch der Tänze* in Osnabrück, *Revolte auf Côte 3018* in Hamburg und *Die Bergbahn* in Berlin. Das Stück *Sladek, der schwarze Reichswehrmann* entsteht und bedeutet für Horváth den literarischen Durchbruch. Vertrag mit dem Ullstein-Verlag in Berlin	25
1930	Berlin	Horváths erster Roman *Der ewige Spießer* erscheint. Abschluss der Arbeiten an den Volksstücken *Italienische Nacht* und *Geschichten aus dem Wiener Wald.*	29
1931	Berlin	Uraufführung des Stückes *Die italienische Nacht* am 20. März in Berlin. Horváth wird als Zeuge zu einer von den Nationalsozialisten provozierten Saalschlacht in seinem Wohnort Murnau vernommen und wegen seiner Aussage von NSDAP-Zeitungen heftig angegriffen. Kleist-Preis (zusammen mit Erich Reger) auf Vorschlag von Carl Zuckmayer, Beginn der Freundschaft zwischen Zuckmayer und Horváth. Uraufführung der *Geschichten aus dem Wiener Wald* am Deutschen Theater in Berlin (2. November) Erstausgabe der *Geschichten aus dem Wiener Wald* erscheint im Berliner Propyläen-Verlag.	30

Jahr	Ort	Ereignis	Alter
1932	Berlin	Uraufführung des Volksstückes *Kasimir und Karoline* in Leipzig, Arbeit an dem Stück *Glaube Liebe Hoffnung*	31
1933	Wien Budapest Murnau München	Umzug nach Wien. Beendigung der Arbeit an *Die Unbekannte auf der Seine* und *Hin und her.* Umzug nach Budapest, um die ungarische Staatsbürgerschaft behalten zu können. Heirat mit der jüdischen Opernsängerin Maria Elsner (1905–1983). Das Haus der Eltern in Murnau wird von der SA durchsucht. Horváths Bücher werden in München verbrannt. Die Nationalsozialisten verhindern die Uraufführung von *Kasimir und Karoline*, und auch geplante Aufführungen anderer Stücke wie *Glaube Liebe Hoffnung* finden nicht mehr statt.	32
1934	Berlin Zürich	Rückkehr nach Berlin. Veröffentlichung des Stücks *Himmelwärts*, Uraufführung von *Hin und her* in Zürich, Entstehung des Dramenfragments *Der Lenz ist da.*	33
1935	Wien	Umzug nach Wien, Verschlechterung der finanziellen Situation wegen der Auflösung des Vertrags mit dem Ullstein-Verlag. Uraufführung von *Mit dem Kopf durch die Wand* in Wien. Unter dem Pseudonym H. W. Becker arbeitet Horváth als (Co-)Autor für Filmdrehbücher.	34
1936	Salzburg Wien	Umzug nach Henndorf bei Salzburg. Fertigstellung der Stücke *Don Juan kommt aus dem Krieg*, *Ein Dorf ohne Männer*, *Der jüngste Tag; Glaube Liebe Hoffnung* und *Figaro lässt sich scheiden.* Treffen mit Carl Zuckmayer, Franz Werfel und Franz Theodor Csokor in Wien. Uraufführung von *Glaube Liebe Hoffnung* in Wien.	35
1937		Der Roman *Jugend ohne Gott* erscheint in Amsterdam und wird in acht Sprachen übersetzt. Scheidung von Maria Elsner.	36

2.1 Biografie

Jahr	Ort	Ereignis	Alter
1938		Der Roman *Ein Kind unserer Zeit* erscheint in Amsterdam und New York.	37
	Wien Budapest Prag	Nach dem Einmarsch der deutschen Truppen in Österreich (sog. „Anschluss Österreichs") verlässt Horváth Wien und geht nach Budapest; von dort reist er nach Prag und von dort über Jugoslawien, Triest, Venedig, Mailand, Zürich und Amsterdam nach Paris.	
	Paris	Hier steht Horváth in Verbindung mit dem amerikanischen Regisseur Robert Siodmak (1900–1973) wegen der Verfilmung von *Jugend ohne Gott.* Horváth wird am 1. Juni während eines Gewitters auf den Champs-Élysées von einem herabstürzenden Ast getötet und am 7. Juni auf dem Friedhof St. Quen in Paris bestattet.	

2.2 Zeitgeschichtlicher Hintergrund

Zusammenfassung

- Ödön von Horváths Roman spielt im Jahr 1929 (September bis November) vor allem in München.
- Sein zeitgeschichtlicher Hintergrund setzt sich zusammen aus Folgen der deutschen Kriegsniederlage 1918 wie den Vorbehalten gegenüber der Weimarer Republik in weiten Bevölkerungskreisen, der wachsenden politischen Radikalisierung in beide Richtungen, dem zunehmenden Antisemitismus sowie der beginnenden Weltwirtschaftskrise infolge des Börsencrashs in New York im Oktober 1929.
- Alfons Koblers Bahnreise führt ihn von München durch Österreich, Italien und Frankreich nach Spanien. Es bietet sich also an, den zeitgeschichtlichen Hintergrund vornehmlich der Jahre 1927 bis 1933 auch in Bezug auf die genannten Schauplätze in den Blick zu nehmen.

Deutschland (Weimarer Republik)

1918 und seine Folgen

Der Erste Weltkrieg endete 1918 für das **Deutsche Reich** mit einer militärischen Niederlage, die zu gravierenden territorialen und staatlichen Veränderungen führte. Im Versailler Vertrag mussten massive Gebietsabtretungen akzeptiert werden. Schon am 9. November 1918 musste Kaiser Wilhelm II. als letzter Amtsträger der Hohenzollern-Dynastie aufgrund des Drucks aus der Bevölkerung, aus der Armee und aus dem Parlament seinen Rücktritt erklären. In einer öffentlichen Erklärung gab der amtierende Reichskanzler Prinz Max von Baden bekannt:

> „Seine Majestät der Kaiser und König haben sich entschlossen, dem Throne zu entsagen (…) Es ist beabsichtigt, dem Regenten die Ernennung des Abgeordneten Ebert zum Reichskanzler und die Vorlage eines Gesetzesentwurfes wegen der Ausschreibung

> allgemeiner Wahlen für eine verfassunggebende deutsche Nationalversammlung vorzuschlagen, der es obliegen würde, die künftige Staatsform des deutschen Volkes, einschließlich der Volksteile, die ihren Eintritt in die Reichsgrenzen wünschen sollten, endgültig festzustellen."[1]

Weimarer Republik

Noch am selben Tag erklärte der **SPD-Abgeordnete Philipp Scheidemann** Deutschland zur Republik:

> „Das deutsche Volk hat auf der ganzen Linie gesiegt. Das alte Morsche ist zusammengebrochen; der Militarismus ist erledigt! Die Hohenzollern haben abgedankt! Es lebe die deutsche Republik! Der Abgeordnete Ebert ist zum Reichskanzler ausgerufen worden. Ebert ist damit beauftragt worden, eine neue Regierung zusammenzustellen. Dieser Regierung werden alle sozialistischen Parteien angehören. Jetzt besteht unsere Aufgabe darin, diesen glänzenden Sieg des deutschen Volkes nicht beschmutzen zu lassen (...) Sorgen Sie dafür, dass die neue deutsche Republik, die wir errichten werden, nicht durch irgendetwas gefährdet werde! Es lebe die deutsche Republik!"[2]

Weltwirtschaftskrise 1929 ff.

Nach Überwindung der Inflationszeit kam es in der zweiten Hälfte der 1920er Jahre zu einigen Jahren des wirtschaftlichen Aufschwungs, bis auch Deutschland 1929 von der Weltwirtschaftskrise erfasst wurde, die ihr augenscheinliches Symbol im **Schwarzen Freitag,** dem dramatischen Kurssturz am 25. Oktober 1929 an der New Yorker Börse, erlebte. Es handelte sich im Kern um eine Überproduktions- und Absatzkrise, die – ausgehend von den USA – weltweit zu spüren war. Diese Krise führte in Deutsch-

---

1 Zitiert nach: Deutscher Bundestag, Referat Öffentlichkeitsarbeit (Hrsg.): *Fragen an die deutsche Geschichte. Wege zur parlamentarischen Demokratie.* Bonn 2000, S. 209.

2 Manfred Jessen-Klingenberg: *Die Ausrufung der Republik durch Philipp Scheidemann am 9. November 1918.* In: Geschichte in Wissenschaft und Unterricht 19 (1968), Nr. 11, S. 649–656, hier: 653 f.

land zu Konkursen und Insolvenzen, zu einem Teufelskreis aus sich verringernder Kaufkraft, zurückgehender Nachfrage, sinkender Produktion und drastisch ansteigender Kurzarbeit sowie Arbeitslosigkeit. Im Januar 1929 überschritt die Arbeitslosenzahl in Deutschland die Marke von zwei Millionen, am Ende des Monats Februar waren es schon ca. 3,2 Millionen. 1927 hatte der Reichstag ein Gesetz beschlossen, das eine Reichsanstalt für Arbeitsvermittlung und Arbeitslosenversicherung in Berlin installierte. Diese Behörde benötigte nun massiv steigende staatliche Zuzahlungen, was zu einem immensen Haushaltsdefizit führte. Die seit Juni 1928 regierende Große Koalition aus SPD, Zentrum, DDP, BVP und DVP unter dem Kanzler Hermann Müller (SPD) suchte vergeblich nach Auswegen aus dem Dilemma (Beiträge von Arbeitnehmern und Arbeitgebern erhöhen oder Leistungen für Arbeitslose kürzen?). Ein Kompromissvorschlag des Zentrum-Fraktionsvorsitzenden Heinrich Brüning scheiterte am 27. 3. 1930, so blieb dem Kabinett Müller nur der Rücktritt. Schon drei Tage später ernannte Reichspräsident Hindenburg Heinrich Brüning zum neuen Reichskanzler eines sogenannten Präsidialkabinetts.

Politische Radikalisierung

Die Wirtschaftskrise wirkte sich in Deutschland auch in Form einer politischen Radikalisierung aus. War nach den Wahlergebnissen vom 20. Mai 1928 noch eine Große Koalition von Parteien der Mitte möglich gewesen, schied diese Option durch die **Stimmengewinne der NSDAP und der KPD** nach der Wahl vom 14. 9. 1930 fast schon aus. Die NSADP steigerte ihren Stimmenanteil von 2,6 auf 18,3 Prozent, die KPD von 10,6 auf 13,6 Prozent. Am 31. 7. 1932 erreichte die NSDAP dann 37,4 Prozent und die KPD 14,6 Prozent – eine absolute Negativ-Mehrheit im Parlament! Das aufgeheizte innenpolitische Klima äußerte sich in Zusammenstößen der nationalsozialistischen Sturmabteilung (SA) mit dem kommunistischen Roten Frontkämpferbund und in **blutigen Unruhen** rund um den 1. Mai 1929 („Tag der Arbeit").

2.2 Zeitgeschichtlicher Hintergrund

ZDF-Doku
Geheimnisse der Weimarer Republik

Die Verhandlungen über die Gestaltung der **deutschen Reparationszahlungen** wurden in Paris unter dem Vorsitz des amerikanischen Wirtschaftsfachmanns Owen D. Young fortgesetzt. Dessen Plan, der Zahlungen in Höhe von ca. 112 Milliarden Goldmark – verteilt auf 58 Jahre – vorsah, wurde von der deutschen Regierung am 7. Juni 1929 unterzeichnet. Dagegen mobilisierten rechts-nationalistische und rechtsradikale Gruppierungen von der DNVP bis zur NSDAP einen „Reichsausschuss für das deutsche Volksbegehren gegen den Young-Plan". Der Volksentscheid über ein „Gesetz gegen die Versklavung des deutschen Volkes" scheiterte allerdings am 22. Dezember 1929.

Gegenläufige Entwicklungen

Nicht zuletzt durch die Veröffentlichung des Antikriegsromans *Im Westen nichts Neues* von Erich Maria Remarque im Ullstein-Propyläen-Verlag (Anfang 1929) entstand in Deutschland eine **Stimmung gegen Militarismus und Kriegshetze**. Die Räumung des gesamten Rheinlands durch die französischen Besatzungstruppen (zugesichert bis zum Juni 1930) hätte ein positives Signal für diese Entwicklung sein können. Der sogenannte Briand-Kellogg-Pakt zur Ächtung von Angriffskriegen wurde am 6. 2. 1929 im deutschen Reichstag ratifiziert, und bei einer Völkerbundversammlung im September 1929 schlagen die Außenminister von Frankreich und Deutschland (Briand und Stresemann) die Schaffung eines vereinigten und föderativen Europas vor. Dies entsprach auch dem Anliegen der sogenannten **Paneuropabewegung**, die seit 1923 mit dem Ziel eines politisch und wirtschaftlich geeinten, demokratischen und friedlichen Kontinental-Europas agierte. Solche fortschrittlichen Entwicklungen fanden jedoch ihren abrupten Abbruch, als Reichspräsident Paul von Hindenburg am 30. Januar 1933 Adolf Hitler zum Reichskanzler ernannte und es damit zur sogenannten „Machtübernahme" der Nazis kam, die das Ende der Weimarer Republik besiegelte.

Österreich (Erste Republik)

Republik Österreich

Die Entwicklung in der ehemaligen kaiserlich-königlichen Monarchie Österreich-Ungarn zeigt einige Parallelen zu der in Deutschland: Das Vielvölkerreich der Habsburger in Mitteleuropa brach infolge der Kriegsniederlage auseinander, es entstanden **voneinander unabhängige Nationalstaaten**, der verbliebene Kleinstaat Österreich wurde unter dem Namen Deutsch-Österreich zu einer parlamentarischen Republik (die später sogenannte „Erste Republik"). Am 11. November 1918 unterschrieb dann Kaiser Karl I., dem de facto längst die Macht abhandengekommen war, schließlich eine Erklärung, in der er auf jegliche Beteiligung an den Regierungsgeschäften in der österreichischen Reichshälfte verzichtete. Zwei Tage später folgte eine ähnliche Erklärung für die ungarische Reichshälfte. Karl weigerte sich jedoch abzudanken, da er sich von der göttlichen Vorsehung („von Gottes Gnaden") mit der Funktion des Monarchen betraut sah.

Am 10. September 1919 unterzeichnete die österreichische Regierung unter Staatskanzler Karl Renner den **Friedensvertrag von St.-Germain-en-Laye**, der ähnlich harte Bedingungen enthielt wie der Versailler Vertrag für das Deutsche Reich. Zudem verblieb nach **Abtretung zahlreicher Gebiete (z. B. Südtirol an Italien)** Österreich ein Staatsgebiet mit nur mehr 84.000 qkm und ca. 6,5 Millionen Einwohnern.

Wirtschaftskrise

Die folgenden Jahre waren in Österreich durch verschiedene Probleme geprägt: **Kriegsschulden, Arbeitslosigkeit und Inflation** führten zu schweren wirtschaftlichen Krisen. Immerhin gelang es durch Unterstützung aus dem Ausland (Völkerbundanleihe) und durch die Einführung der neuen Währung des Schillings eine gewisse Stabilität ab dem Jahre 1925 herzustellen. Die schon erwähnte Weltwirtschaftskrise 1929 ff. machte jedoch diese Erfolge wieder zunichte. Ab 1929 stieg die Arbeitslosigkeit von knapp neun auf 26 Prozent an. Aufgrund der mangelnden Konsumnachfrage gingen viele Selbstständige in Konkurs. Schließlich kam es 1931 noch zu einer Bankenkrise, als die größte österreichische Bank, die Österreichische Credit-Anstalt zusammenzubrechen drohte.

Austrofaschistischer Ständestaat

Der ideologische Gegensatz zwischen den beiden Regierungsparteien nahm zu, bestärkte eine innenpolitische Polarisierung und führte schließlich ab dem Jahre 1929 zu einer unübersehbaren Radikalisierung. Eine konstruktive Zusammenarbeit der Parteien im Parlament wurde immer schwieriger, die **Zweifel an einer funktionierenden Demokratie in der Bevölkerung** immer größer. So nutzte der ab 1932 amtierende parteilose Bundeskanzler Engelbert Dollfuß am 4. März 1933 eine Geschäftsordnungskrise im Nationalrat dazu, durch einen Bruch der Verfassung das Parlament auszuschalten. Fortan regierte er das Land fast diktatorisch auf der Basis des Kriegswirtschaftlichen Ermächtigungsgesetzes aus dem Jahre 1917. Im Mai 1934 beschloss der eigentlich machtlose Nationalrat, in dem auch alle Mitglieder der verbotenen Sozialdemokratischen Partei fehlten, eine neue Verfassung, die dem Prinzip einer **Kanzlerdiktatur** folgte und an den faschistischen Ständestaat Italien unter Mussolini erinnerte. Offiziell hieß das Land nun „Bundesstaat Österreich".

Parallel zu den Entwicklungen in Deutschland erlebte Österreich einen Aufstieg der (nach 1933 in Österreich verbotenen) Nationalsozialistischen Partei unter dem Namen DNSAP: Deutsche Nationalsozialistische Arbeiterpartei. Diese Partei hatte in Österreich zwar nur bescheidene Wahlerfolge, wurde aber durch die deutsche NSDAP massiv gestärkt und unterstützt. Im Friedensvertrag von Versailles hatte Deutschland die Unabhängigkeit Österreichs als unabänderlich anerkannt. Doch ab 1925 wurden wieder Stimmen laut, die den Anschluss Deutsch-Österreichs an das Deutsche Reich forderten, zu dem es 1938 kommen sollte.

Italien, Frankreich, Spanien

Italiens Faschismus

In **Italien** war seit 1922 Benito Mussolini, Gründer und Führer der faschistischen Bewegung, Vorsitzender des Kabinetts und zugleich Außen- und Innenminister, er verfügte also über die

Machtfülle eines Diktators. Unter seiner Führung wurde ab 1926 in Südtirol ein Programm der Italianisierung durchgesetzt (z. B. Aufhebung der Doppelsprachigkeit).

Frankreich war von den Folgen der Weltwirtschaftskrise etwas weniger betroffen, von Juli bis Oktober war das Kabinett von Ministerpräsident Aristide Briand an der Regierung. Darauf folgte ab dem 3. November 1929 das Kabinett von Andre Tardieu.

Militärdiktatur in Spanien

Alfons XIII. war seit 1902 König von **Spanien**. Nach einem Putsch des Generalkapitäns von Barcelona, Miguel Primo de Rivera y Orbaneja, am 13. 9. 1923 errichtete dieser im Einvernehmen mit dem König eine Militärdiktatur. Primo de Rivera wurde allerdings am 28. 1. 1930 vom König wieder entlassen. Die Weltausstellung in Barcelona wurde am 19. 5. 1929 eröffnet, der deutsche Pavillon war konzipiert von dem berühmten Architekten Mies van der Rohe.

Gemeinsamkeiten und Trends

Als Trends für den Zeitraum 1927–1931 können also in fast allen genannten Ländern genannt werden:

- Spekulationsfreudigkeit und Wirtschaftskrisen mit Massenarbeitslosigkeit
- politische Radikalisierung
- Abschaffung demokratischer Strukturen, Entwicklung von Diktaturen
- wenig Fortschritte in Richtung einer europäischen Friedensordnung

2.3 Angaben und Erläuterungen zu wesentlichen Werken

Zusammenfassung

Ödön von Horváths Gesamtwerk, das in etwa zwölf Jahren seiner Lebenszeit entstanden ist, umfasst nur ca. 20 Dramen, drei Romane und etwas Kurzprosa. In den einschlägigen Literaturgeschichten wird er vor allem als Schriftsteller gewürdigt, der die Tradition des (österreichischen) Volksstücks aufgegriffen, dieses allerdings in eine scharfe Satire verwandelt hat, die den kleinbürgerlichen Nährboden des wachsenden Faschismus seit 1929 analysierte.

Sportmärchen (1923/24)

Das **Frühwerk** ist dabei ziemlich in Vergessenheit geraten: In seinen 1923/24 entstandenen und in der Zeitschrift *Simplicissimus* erschienenen *Sportmärchen* zeichnet Horváth satirisch die Entwicklung des Sports in seiner Zeit. Insgesamt waren es 27 kurze Texte unter dieser Überschrift. Als Beispiel sei hier *Start und Ziel* genannt:

„Manchmal plaudern Start und Ziel miteinander.

Es sagt das Ziel:
‚Stände ich nicht hier – wärest du ziellos!‘

Und der Start sagt:
‚Das ist schon richtig; doch denke: wäre ich ziellos – was dann?‘

‚Das wäre mein Tod.‘

Da lächelt der Start:
‚Jaja – so ist das Leben, Herr Vetter!‘“[3]

---

3 Horváth, *Sportmärchen*, S. 7.

Satire im Märchengewand

Horváth kritisiert in seinen *Sportmärchen* das übertriebene Leistungsdenken im professionellen Sportbetrieb sowie dessen Kommerzialisierung, aber auch die Selbstüberschätzung und Dummheit der Amateure. Seiner Meinung nach ging dadurch der eigentliche Sinn des Sports, nämlich körperliche Selbsterfahrung und das damit verbundene Glücks- und Wohlbefinden, verloren. Die bewusst gewählte Form des Märchens diente Horváth dabei als Vehikel der Satire.

Mord in der Mohrengasse (1923/24)

Seine erste vollständig erhaltene Arbeit für das Theater ist das dreiaktige Kriminalstück *Mord in der Mohrengasse* von 1923/24. Das Schauspiel hat einen Handlungszeitraum von zwölf Stunden. Zu diesem Zeitpunkt lebte Horváth noch in Murnau (Oberbayern), erst durch den Umzug nach Berlin (1926) gewann er Anschluss an den berühmten Ullstein-Verlag. *Der ewige Spießer* war seine erste Veröffentlichung bei Ullstein (bzw. dem Sub-Label Propyläen). Die großzügigen Vorauszahlungen und die späteren Erfolge mit den Theaterstücken ermöglichten ihm Ende der 1920er Jahre ein Auskommen als freier Schriftsteller. Auch die Bekanntschaft mit Franz Werfel und Carl Zuckmayer öffnete ihm Türen in die Welt der kommerziellen Literatur.

Volksstücke zwischen 1927 und 1933

Berühmt wurde Horváth aber durch seine zwischen 1927 und 1933 entstandenen sogenannten Volksstücke, mit denen er die **soziale Situation der Kleinbürger** beschreibt, die in die sozialen und politischen Auswirkungen der Weltwirtschaftskrise verstrickt sind. Der Kritiker Hellmuth Karasek (1934–2015) hat diese Priorisierung einer literarischen Gattung deutlich herausgestellt:

> „Horváth war und ist Dramatiker und wird als Dramatiker (...) bedeutend bleiben. Zu seinem dramatischen Werk bildet seine Prosa, bilden seine drei Romane wie seine kurzen Skizzen, Märchen, Erzählungen nur eine Randerscheinung“[4].

4 Karasek, S. 79.

2.3 Angaben und Erläuterungen zu wesentlichen Werken

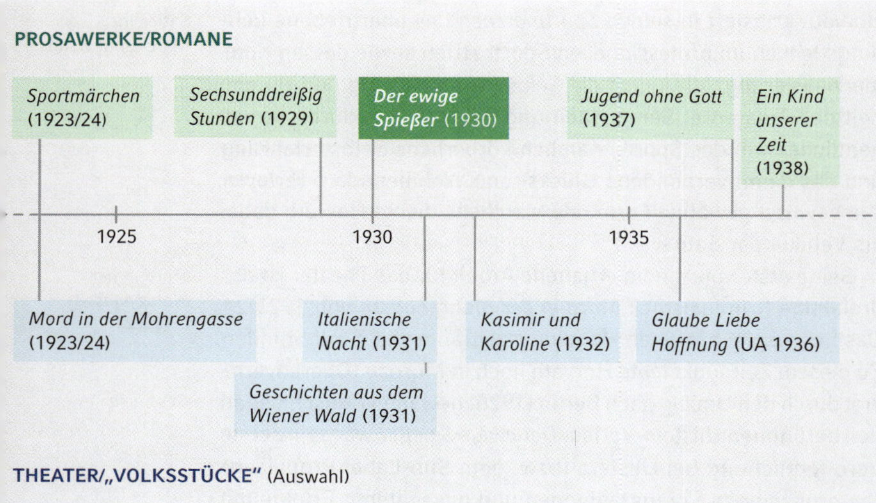

Italienische Nacht (1931)

1931 wurde das Stück *Italienische Nacht*, ein Drama in sieben Bildern, uraufgeführt. Thema des Stücks ist die **Blindheit der Gegner der Hitler-Partei gegenüber dem Ausmaß der faschistischen Gefahr**. Der Titel *Italienische Nacht* bezieht sich auf das gleichnamige Motto eines Volksfests, das die Sozialdemokraten in einer süddeutschen Kleinstadt organisiert haben. Der Protest der jüngeren Parteimitglieder gegen gemütliche Tanzabende angesichts der Schießübungen und Aufmärsche der Nationalsozialisten bleibt wirkungslos. Wortführer der Jungen ist Martin, ein Arbeiter, der sein Privatleben mit dem politischen Kampf verknüpft: Er zwingt seine Braut, sich mit SA-Leuten einzulassen, um deren Bewaffnung und Kampfstärke auszuspionieren. Während des Festes, dem im selben Biergarten ein „Deutscher Tag" der Faschisten vorausgeht, wirft Karl, ein Musiker aus dem Konzertcafé, der Parteiführung Trägheit und Ziellosigkeit vor und sprengt damit das Fest. Ein Schlägertrupp der NSDAP dringt ein, um die Verschandelung des Kaiserdenkmals am Initiator des

Festes, dem SPD-Stadtrat, zu rächen. Mit knapper Not entgeht der Stadtrat einer Misshandlung. Dennoch versagt er sich als Repräsentant der verbürgerlichten Generation von Sozialisten, die Politik mit Vereinswesen gleichsetzt, der Einsicht in die zunehmende Unterhöhlung des Staatswesens. Sein unerschütterlicher Grundsatz lautet: „Solange es einen republikanischen Schutzverband gibt, so lange kann die Republik ruhig schlafen." Horváth, der Hitler schon im Jahre 1929 in einer Privatgesellschaft kennengelernt hatte, warnte immer wieder vor den Nationalsozialisten und enthüllt in diesem Stück die gefährliche Trägheit mancher etablierter linker Parteivertreter.

Geschichten aus dem Wiener Wald (1931)

Ebenfalls 1931 wurden die *Geschichten aus dem Wiener Wald* in Berlin uraufgeführt. Im Zentrum der Handlung – angesiedelt in und um Wien und in der Wachau – steht Marianne, die mit dem Metzger Oskar verlobt ist. Sie wird in einer innigen Umarmung mit Alfred, einer zwielichtigen Rennplatzgröße, erwischt, woraufhin sie von ihrem Vater, genannt der „Zauberkönig", verstoßen wird. Sie bekommt ein Kind von Alfred und muss als „Tänzerin" arbeiten, während das Kind bei Alfreds Mutter auf dem Dorf bleiben soll. Alfred verlässt jedoch Marianne und kehrt zu Valerie, seiner deutlich älteren Geliebten, zurück. Diese tritt als Vermittlerin zwischen Marianne und Oskar ein. Es scheint zu einem glücklichen Ende zu kommen. Als alle Beteiligten jedoch zur Großmutter aufs Dorf fahren, um das Kind zu besuchen, müssen sie feststellen, dass das Kind gestorben ist, nachdem die Großmutter es ans offene Fenster in die Zugluft gestellt hatte. Am Ende hat Oskar zwar „seine" Marianne wieder, diese ist aber psychisch zerstört.

Geschichten aus dem Wiener Wald (1964)

Hinter idyllischen Schauplätzen im Wiener Wald und in der Wachau und den Klischees kleinbürgerlicher Rührseligkeiten zeigt Horváth die **Wirklichkeit von menschlichem Eigennutz**, von Bosheit und Härte, die zwischenmenschliche Nähe zerbrechen lassen.

2.3 Angaben und Erläuterungen zu wesentlichen Werken

Kasimir und Karoline (1932)

Kasimir und Karoline (1959)

Neben den *Geschichten aus dem Wiener Wald* (1931) gehört *Kasimir und Karoline* (1932), ein Drama in neun Bildern, zu Horváths erfolgreichsten Volksstücken. Als Schauplatz dient das Münchner Oktoberfest. Im lärmenden Rummel geraten der soeben arbeitslos gewordene Chauffeur Kasimir und seine Braut Karoline, eine kleine Angestellte mit dem Hang zum Höheren, in Streit und trennen sich. Karoline findet in dem Kanzlisten Schürzinger einen neuen Begleiter; die zufällige Begegnung mit dessen Chef, dem Kommerzienrat Rauch, weckt in Karoline Ambitionen, zumal Rauch offensichtlich Gefallen an ihr findet und es so einzurichten weiß, dass Schürzinger die beiden allein lässt. Inzwischen hat sich Kasimir dem Gaunerduo Franz und Erna angeschlossen; während Franz das Auto Rauchs ausraubt, stehen Kasimir und Erna Schmiere. Doch das „Karussell" dreht sich weiter: Rauch, der nach einer Herzattacke in der Sanitätsstation aufwacht, will nichts mehr von Karoline wissen, so dass Schürzinger zum Zuge kommt, während Kasimir Erna tröstet, deren Franz ertappt und von der Polizei abgeführt worden ist: **Die Liebe höret nimmer auf** – so lautet ironisch das Motto dieser „Ballade von stiller Trauer, gemildert durch Humor"[5] (Horváth).

Das Bühnengeschehen ist in 118 Einzelszenen aufgesplittert. Ihr rascher Wechsel entspricht sowohl der Volksfestatmosphäre als auch der Brüchigkeit der Beziehungen zwischen den Personen. Vielfach bildet Musik (ein Marsch, ein vom Publikum mitgesungener Schlager) das Thema einer Szene.

Glaube Liebe Hoffnung (1936)

In seinem letzten Volksstück *Glaube Liebe Hoffnung* (1936) erinnert Horváth an den Bibeltext aus dem ersten Brief an die Korinther: „Nun aber bleiben Glaube, Hoffnung, Liebe, diese drei; aber die Liebe ist die größte unter ihnen." Doch der Untertitel „Kleiner Totentanz" relativiert diese positiv gemeinten Begriffe. Weder Glaube noch Liebe noch Hoffnung retten die

5 Zitiert nach: Traugott Krischke: Nachwort. In: Horváth, *Kasimir und Karoline,* S. 160.

Glaube Liebe Hoffnung (1980)

weibliche Hauptfigur Elisabeth. Aufgrund der schlechten Zeiten ist sie in eine soziale Notlage geraten. Durch Kontakte mit einem Präparator in einem Anatomischen Institut (der ihr Geld leiht) und mit einem Polizisten (der ihr die Ehe verspricht) versucht sie wieder Boden unter den Füßen zu bekommen. Bald aber wenden sich beide von ihr ab, Elisabeth stürzt sich aus Verzweiflung in einen Fluss und stirbt wenig später. Elisabeths Leidensweg erinnert stark an das Schicksal der Marianne aus *Geschichten aus dem Wiener Wald* – hin- und hergerissen zwischen den Männern Oskar und Alfred.

Der Lyriker und Dramatiker Kurt Bartsch zieht das Fazit, Horváth demaskiere in diesem Stück

> „nicht nur den miesen Charakter des Kleinbürgers, der an den schwächsten Gliedern der Gesellschaft, den Frauen, seinen Totentanz inszeniert, sondern erkennt im letzten seiner Dramen vor der Machtübernahme durch die Nationalsozialisten wie auch schon in den vorangegangenen Volksstücken hellsichtig die Todgeweihtheit dieses Kleinbürgertums und das Erstarken des militaristischen Spießertums."[6]

Jugend ohne Gott (1937)

In seinen beiden Romanen *Jugend ohne Gott* (1937) und *Ein Kind unserer Zeit* (1938) befasst sich Horváth mit den **Auswirkungen der faschistischen Ideologie**.

1937 erschien in der Emigration der Roman *Jugend ohne Gott*. Der Ich-Erzähler, ein idealistisch gesinnter Lehrer, erkennt am Verhalten seiner Klasse die Anzeichen des kommenden Unheils. Den Schülern ist alles Denken verhasst, sie pfeifen auf den Menschen, ihr Ideal ist eine Art von unmenschlichem Zynismus. Die Spannungen innerhalb der Klasse eskalieren bei einem Aufenthalt in einem vormilitärischen Ausbildungslager bis hin zu einem Mord, ausgehend vom Diebstahl eines Fotoapparats. Der Leh-

6 Bartsch, S. 97.

rer wird selbst an der Eskalation mitschuldig, als er bei seinen heimlichen Nachforschungen das Kästchen, in dem ein Schüler sein Tagebuch aufbewahrt, beschädigt und dies aus Feigheit verschweigt. Verstrickt in ein Leben des Elends und der Widersprüche, richtet sich seine Hoffnung auf die göttliche Gnade; unmittelbar von Gott angerufen, leistet er schließlich seinen Beitrag zur Enthüllung des Verbrechens und gibt damit auch anderen Zeugen Mut. Dennoch emigriert er im Bewusstsein der Ohnmacht nach Afrika.

Ein Kind unserer Zeit (1938)

In *Ein Kind unserer Zeit* schildert ein junger Soldat, wie er aufgrund seiner Erfahrungen einen Bewusstseinswandel durchmacht. Anfangs obrigkeitshöriger unkritischer Mitläufer, für den das Schicksal des Einzelnen nicht zählt und der nach der Parole „Ohne Lüge gibt's kein Leben" agiert, geht ihm der Sinn für die Verantwortlichkeit des Einzelmenschen auf. Er erkennt, dass er Opfer der völkischen Politik und des militaristischen Kollektivismus geworden ist. Trotzdem zeigt die Diktion des Soldaten/Ich-Erzählers, dass er nach wie vor dem faschistischen Sprachgebrauch verfallen ist. Er bleibt ein Kind seiner Zeit. Der Protagonist setzt sich schließlich dem Erfrierungstod aus in der Erwartung, die Kälte sei wärmer als die unter den Menschen herrschende Gefühlskälte.

1953 erschien *Jugend ohne Gott* zusammen mit *Ein Kind unserer Zeit* unter dem gemeinsamen Obertitel *Zeitalter der Fische*, bezogen auf die gleichsam geschichtsastrologische Feststellung: Die Erde dreht sich in das Zeichen der Fische hinein. Da wird die Seele des Menschen unbeweglich wie das Antlitz eines Fisches.

TEXTANALYSE UND -INTERPRETATION 3

3.1 Entstehung und Quellen

Zusammenfassung

- Der Entstehungszeitraum sind die Jahre von 1928 bis 1930.
- Es existieren verschiedene Vorarbeiten und literarische Projekte, aus denen sich Figuren und Milieu des Romans entwickelten.
- Teil 2 und 3 des Romans sind im Wesentlichen eine gekürzte Version der Handlung des (erst posthum veröffentlichten) Romans *Sechsunddreißig Stunden*.

Entstehungszeitraum: 1928 bis 1930

Der Roman *Der ewige Spießer* ist in den Jahren 1928 bis 1930 entstanden. Zahlreiche **Vorarbeiten und Entwürfe** führten schließlich zum finalen Text. Gesichert ist, dass sich der Roman allmählich aus dem Milieu und dem Figurenkreis anderer literarischer Projekte entwickelte:

- In dem 1927 verfassten, aber erst 1959 uraufgeführten Bühnenstück *Rund um den Kongress* griff Horváth das brisante Thema des Mädchenhandels auf.
- In den Konzepten zu den Stücken *Die Mädchenhändler*, *Von Kongress zu Kongress* und *Elisabeth, die Schönheit von Thüringen* taucht immer wieder der Topos des schutzlosen, sexuell bedrohten Fräuleins auf.
- Weiterhin gibt es ein handschriftliches Konzept zu einem Hörspiel mit dem Titel *Ein neuer Casanova*, in dem schon einige Figuren des späteren Romans erscheinen: Graf Blanquez, Harry Priegler und das Fräulein Pollinger.

Tilman Spengler über Ödön von Horváth

- Im Jahr 1929 erschien im Verlag Gustav Kiepenheuer die Anthologie *24 neue deutsche Erzähler* (herausgegeben von Hermann Kesten), dort konnte man Horváths Erzählung *Ein Fräulein wird bekehrt* (s. Kapitel 5 dieser Erläuterung) finden, die Hauptperson trug bereits den Namen Agnes Pollinger.

- Daraus entsteht dann das Romanmanuskript mit dem Titel *Sechsunddreißig Stunden*, das zur Grundlage des Vertrags zwischen dem Ullstein Verlag und Horváth wurde. Der Ullstein Verlag bestätigte am 26. 4. 1929 „die mit Ihnen getroffene Abrede, wonach wir Ihren Roman *36 Stunden* in unseren Verlag nehmen ... Der Roman wird im Propyläen-Verlag erscheinen“[7]. Im September 1929 überweist der Verlag dem Autor einen Vorschuss von 600 Mark.

Roman *Sechsunddreißig Stunden*

In den 58 Kapiteln des Romans *Sechsunddreißig Stunden* wird die **Geschichte von Agnes Pollinger und Eugen Reithofer** erzählt. Ort der Handlung ist München, erzählte Zeit sind die im Titel genannten 36 Stunden Ende August 1928.

Sechsunddreißig Stunden (Hörbuch)

Agnes und Eugen lernen sich vor dem städtischen Arbeitsamt in der Thalkirchner Straße kennen, beide sind arbeitslos. Agnes, gerade 19 Jahre alt, hat ihre Eltern schon verloren, Eugen ist 31 und hat als Kellner gearbeitet. Sie spazieren über das Münchner Oberwiesenfeld, unterhalten sich über mancherlei und setzen sich unter einer Ulme ins Gras. Als es dunkler wird, legt Eugen seine Hand auf ihr Knie: „So ging alles wie es kommen musste. (...) So kam alles, wie es kommen sollte“ (26).[8] Eugen sagt, sie brauche sich nicht zu fürchten, „er sei nämlich ein durchaus anständiger und vorsichtiger Mann“ (28).

Agnes wohnt bei ihrer Tante, neben ihr wohnt noch ein zweiter Untermieter, Herr Alfons Kastner. Der kritisiert – angeblich ohne eigenes Interesse –, was sie in erotischer Hinsicht treibe, und vermittelt Agnes als Aktmodell an den akademischen Kunstmaler

7 Zitiert nach: Krischke 1980, S. 82.

8 Alle Seitenangaben beziehen sich auf die Wiedergabe des Romans in der zitierten Ausgabe: Ödön von Horváth: *Sechsunddreißig Stunden*. In: Ders.: Gesammelte Werke. Kommentierte Werkausgabe in Einzelbänden, Band 12. Hrsg. v. Traugott Krischke unter Mitarbeit von Susanna Foral-Krischke. Frankfurt am Main: Suhrkamp, 7. Aufl. 2019, S. 9–125.

Arthur Maria Lachner (AML). Der will sie in der Rolle einer Hetäre im Opiumrausch malen.

Verärgerter Vergewaltiger

Harry Priegler, ein erfolgreicher Eishockeyspieler, kommt überraschend zu Besuch ins Atelier und lädt Agnes zu einer Spritztour an den Starnberger See ein. Sie speisen im Seerestaurant zu Feldafing. Harry sieht sich als Frauenheld und parkt auf der Rückfahrt in einem Seitenweg des Forstenrieder Parks. Es kommt zu einer Art Vergewaltigung ohne Gegenwehr, was ihn besonders ärgert: „Ich streng mich an und du machst nichts!" (95). Er schmeißt Agnes aus dem Auto und fährt davon. Agnes muss zu Fuß heimlaufen und schläft um Mitternacht auf einer Bank ein.

Solidarität ohne Liebe?

Eugen wartet am vereinbarten Treffpunkt auf Agnes, aber sie kommt nicht: „Also sie hat mich versetzt, das Mistvieh" (105). In einem Café trifft Eugen eine Prostituierte namens Margarethe Swoboda, deren früherer Mann Karl im Ersten Weltkrieg gefallen ist und vorher ein Kollege von Eugen als Kellner in Preßburg (heute: Bratislava) war. Der Kaffeehaus-Pianist berichtet von einer möglichen Arbeitsstelle für eine Schneiderin in Ulm. Eugen denkt an Agnes, trifft sie am nächsten Morgen in aller Frühe in der Schellingstraße und bietet ihr die Stelle an. Agnes ist erstaunt: „Ich hätt wirklich nicht gedacht, dass Sie extra wegen mir herkommen, Herr Reithofer" (125). Reithofer erklärt, es gebe nämlich auch etwas „ohne das Verliebtsein, aber man hat es noch nicht ganz heraus, was das eigentlich ist" (125). Es folgt ein lapidarer Schluss mit nur einem Satz im Kapitel 58: „Und jetzt ist die Geschichte aus" (125).

Umarbeitung zum *Spießer*-Roman

Horváth hatte für *Sechsundreißig Stunden* vom Ullstein Verlag bereits einen Vorschuss von 600 Mark erhalten, er verwendete sie, um im **September 1929 zur Weltausstellung nach Barcelona** zu reisen. Mitte Oktober war er wieder in Berlin und schrieb den späteren Ersten Teil des *Ewigen Spießers*, also hauptsächlich die Geschichte der Bahnreise von Alfons Kobler nach Barcelona, in den 2. und 3. Teil wird der schon existierende Roman *Sechsunddreißig Stunden* in stark verkürzter Form eingearbeitet.

Am 14. 4. 1930 erklärt der Ullstein-Verlag dem Autor, dass sein Roman *Der ewige Spießer* im Propyläen-Verlag erscheinen wird. Die Abmachung vom 26. April des vorigen Jahres werde hiermit gegenstandslos. Der ursprüngliche Roman *Sechsunddreißig Stunden* wird erst lange nach dem Tod von Horváth als eigenständiges Werk veröffentlicht.

3.2 Inhaltsangabe

Zusammenfassung

- Im ersten und gleichzeitig längsten Teil des Romans steht Alfons Kobler im Mittelpunkt. Der unseriöse Münchner Autohändler hat mit einem minderwertigen Cabriolet ein gutes Geschäft gemacht und leistet sich nun von seinem Gewinn eine Bahnreise zur Weltausstellung in Barcelona. Dabei durchfährt er Deutschland, Österreich, Italien, Frankreich und Spanien, er lernt verschiedene Mitreisende kennen. Sein Ziel, dabei eine reiche Touristin zu erobern, scheitert jedoch, und er macht sich frustriert wieder auf den Rückweg.
- Der zweite Teil schildert das Schicksal des Fräuleins Anna Pollinger, die als Sekretärin in einer Kfz-Vermietung im September 1929 arbeitslos wird. Aus finanzieller Not sieht sie sich gezwungen, als Aktmodell und später sogar als Prostituierte Geld zu verdienen.
- Im dritten Teil lernt Anna Pollinger den ebenfalls arbeitslosen Eugen Reithofer kennen, der von ihrem Nebenerwerb zunächst abgestoßen ist, ihr dann aber doch selbstlos zu einer Stelle als Schneiderin verhilft.

Erster Teil: *Herr Kobler wird Paneuropäer*

Der **erste Teil** mit dem Titel *Herr Kobler wird Paneuropäer* enthält 26 Kapitel (131–231). Er spielt von Mitte bis Ende September 1929. Orte der Handlung sind München und die Bahnstrecke München–Barcelona mit einem Aufenthalt in Marseille. Als Motto ist dem Teil ein Ausschnitt aus Goethes Gedicht *Selige Sehnsucht* vorangestellt.

Der ewige Spießer (Hörbuch)

1

Koblers Betrug

Der Autohändler Alfons Kobler aus der Schellingstraße hat im September 1929 ein altes Auto (ein Sechszylinder-Kabriolett mit Notsitz) für insgesamt 900 Reichsmark an einen Käsehändler aus Rosenheim namens Portschinger verkauft (besser gesagt: er hat es ihm angedreht), der schon 300 Reichsmark angezahlt hatte. Zur Übergabe in München hat dieser seinen Freund Adam Mauerer als vermeintlichen Sachverständigen mitgebracht. Auf der Rückfahrt nach Rosenheim ereignen sich mehrere Pannen (linkes Vorderrad, Ventilator, Achsbruch) mit dem Ergebnis Totalschaden. Ein Rechtsanwalt erklärt Portschinger, dass er den Wagen vorher genauer hätte prüfen müssen: „Sie sind eben betrogen worden, da kann man nichts machen!" (134).[9]

2

Kobler und die Hofopernsängerin

Das Auto hat einer ehemaligen Hofopernsängerin gehört, die zu dem jüngeren Kobler eine Beziehung entwickelt hatte. Dieser war zunächst Autoverkäufer bei der Firma „Gebrüder Bär" gewesen. Weil er aber Probefahrten für Dates mit diversen Damen nutzte, hat Kobler seine Tätigkeit verloren und sich als Autohändler selbstständig gemacht. Kobler sollte das Auto der Sängerin privat verkaufen, doch hat er sie bei der Ablieferung der Anzahlung betrogen. Sie will ihm verzeihen; er jedoch verweist auf ihr fortgeschrittenes Alter und beendet die Liaison.

3

Koblers Vermieterin

Kobler wohnt in Untermiete bei der verwitweten, aus Wien stammenden Frau Perzl in der Münchner Schellingstraße. Deren Mann, Dr. Perzl, war 1907 an einer Infektion gestorben, der Sohn Ferdinand hat „nur" eine Kontoristin geheiratet; Frau Perzl befürchtet den sozialen Abstieg: „sie ahnte (…), dass dieser Klasse [dem Proletariat, d. V.] die Zukunft gehört" (139). Im Gegenzug betont sie ihre „ideelle() Überlegenheit" (ebd.).

---

9 Alle Seitenangaben aus dem Roman beziehen sich auf die Wiedergabe des Romans in der zitierten Ausgabe: Ödön von Horváth: *Der ewige Spießer.* In: Ders.: Gesammelte Werke. Kommentierte Werkausgabe in Einzelbänden, Band 12. Hrsg. v. Traugott Krischke unter Mitarbeit von Susanna Foral-Krischke. Frankfurt am Main: Suhrkamp, 7. Aufl. 2019, S. 127–275.

4

Besuch von Graf Blanquez

Graf Blanquez wartet in der Schellingstraße auf seinen Freund Kobler in dessen Zimmer; die Vermieterin beobachtet, wie der Besucher heimlich Koblers Sachen durchwühlt. Doch dieser sieht den Nutzen einer solchen adligen Bekanntschaft: „ich muss mich mit ihm vertragen, weil ich oft geschäftlich mit ihm zusammenarbeiten muss" (141). Blanquez gratuliert Kobler zunächst zum lukrativen Autoverkauf, der sich offenbar schon herumgesprochen hat, und gibt ihm sogar die geliehenen zehn Reichsmark zurück. Blanquez empfiehlt Kobler, sein frisch erworbenes Vermögen in eine Reise in ein Luxushotel zu investieren, wo man reiche Frauen etwa aus Ägypten kennenlernen könne. Schließlich bittet er – als notorischer Schnorrer – um die Rückgabe der zehn Reichsmark, weil er ein unfehlbares Spielsystem kenne.

5

Reisen bildet

Auch Frau Perzl, die gelauscht hat, rät Kobler zu einer Reise; er selber räumt ein, „dass man das Ausland kennenlernen soll, um seinen Horizont zu erweitern" (145) und zum Beispiel die Verkaufs- oder besser: Betrugsmethoden im Ausland kennenzulernen. Die Besichtigung von Kunstwerken interessiere ihn hingegen nicht: „für die Kunst hab ich schon gar nichts übrig (...) dafür interessieren sich doch nur die Weiber von den reichen Juden" (146). Frau Perzl erinnert daran, dass in Barcelona vor kurzem die Weltausstellung eröffnet wurde, dort ließen sich reiche Frauen leicht kennenlernen.

6

Reiseziel Barcelona

Kobler folgt dem Ratschlag seiner Vermieterin und geht in ein Reisebüro, wo gerade ein älterer Herr mit Bart, ein ungarischer Parlamentsabgeordneter, bedient wird. Kobler nennt sein Reiseziel Barcelona, der Beamte im Reisebüro notiert ihm alle Bahnverbindungen.

3.2 Inhaltsangabe

Außenansicht des Cafés *Schelling-Salon* in München-Schwabing
© picture alliance / Süddeutsche Zeitung Photo | Haas, Robert

7

Kobler trifft Anna Pollinger

Kobler besucht noch einmal sein Stammlokal, den „Schellingsalon“; er erzählt allen, dass er morgen nach Barcelona fährt, aber zu seinem Ärger zeigt sich niemand von seinen Bekannten davon beeindruckt. Etwas später kommt das Fräulein Anna Pollinger in die Bar – sie ist angestellt bei einer Kfz-Vermietung und männlichen Bekanntschaften nicht abgeneigt. Auf den Seiten 153 f. wird in Kurzform das „Märchen von Fräulein Pollinger“ eingeschoben. Dabei erfährt man von ihren Erfahrungen mit Männern, z. B. von einer Bergtour mit einem gewissen Fritz. Kobler wird sie in dieser Nacht aber nicht mit auf sein Zimmer nehmen.

8

Im D-Zug

Kobler steigt am nächsten Morgen in München in den D-Zug, als Lektüre hat er neben einem Magazin fremdsprachige Wörterbücher dabei und eine Broschüre für spanische Redewendungen. Kobler kommt mit seinem Gegenüber im Abteil, dem urbayerischen Herrn Thimoteus Bschorr – früher ein Metzger –, ins Gespräch. Dabei muss sich Kobler für seine Reise rechtfertigen, denn ein weiterer Fahrgast (Hotelier in Partenkirchen) mischt sich ein und vertritt deutschnationale Thesen: „ein Deutscher sollte sein ehrlich erworbenes Geld (...) unter keinen Umständen ins Ausland tragen“ (158). Dem widerspricht ein Zeitung lesender vierter Mann: „Die Völker sind doch aufeinander angewiesen“ (159). Es entwickelt sich eine lebhafte politische Diskussion, auch über die Regierung in Berlin: „lauter Preißen“, „lauter Lumpn“ (159). In Partenkirchen steigen Thimoteus Bschorr und der Hotelbesitzer aus. Der andere Herr – ehemaliger Lehrer, jetzt Vertreter für Zahnpasta, da er aufgrund seiner Ehe mit einer Protestantin in Bayern seine Stelle verloren habe – setzt das Gespräch auf der Fahrt vorbei an der Zugspitze, Richtung Mittenwald (Grenzstation), fort.

9

Schnellzug nach Bologna

Der Zug überquert nach der Zoll- und Passkontrolle die Grenze nach Österreich; in Innsbruck muss Kobler in den Schnellzug nach Bologna umsteigen. Neue Fahrgäste kommen ins Abteil: ein altösterreichischer Hofrat und ein Mann aus dem Volke, der der Heimwehr, den österreichischen Faschisten, nahesteht. Die beiden schimpfen über Sozialdemokraten und Juden und ergehen sich in Gewaltfantasien; Kobler beobachtet derweil die Bergwelt und denkt an sein eigentliches Reiseziel, die ersehnte „Ägypterin" (166).

10

Grenzkontrolle

Am Brenner hält der Zug an der Grenze zu Italien. Kobler macht sich Gedanken über die Zugehörigkeit Südtirols zu Italien. Strenge Kontrollen durch die italienischen Behörden im faschistischen Mussolini-Italien finden statt; hinter den Nachfragen der Beamten vermuten die Mitreisenden – ein erholungsbedürftiger Mann namens Albert Hausmann und ein Mann namens Franz Karl Zeisig – Detektive der politischen Polizei Mussolinis.

11

Ein vermeintlicher Spitzel

Als sie an der ehemaligen Franzensfeste Aufenthalt haben, ist Kobler fasziniert von den italienischen Aufschriften. Es ergeben sich weitere Gespräche unter den Reisenden, Kobler wird dabei vor italienischen Spitzeln gewarnt. Als ihn ein angeblicher Mussolini-Spitzel in ein Gespräch verwickelt, behauptet Kobler von sich, ein „reichsdeutscher Faschist" (172) zu sein.

12

Im Speisewagen

Kobler geht in den Speisewagen und sitzt am Tisch neben einem kultivierten Herrn aus Weimar, der sich als „Renaissancemensch" (173) bezeichnet und den konservativen spanischen Geist lobt: „das konservative Element müsste sich international zusammenschließen" (174).

13

Schmitz, der „Schwätzer"

In Verona steigt Kobler in den Schnellzug nach Mailand um, hat ein Abteil in der 2. Klasse. Kobler erinnert sich an all seine jüngsten Begegnungen und stellt erschrocken fest, dass er sein eigentliches Vorhaben, eine reiche Ägypterin kennenzulernen, fast schon vergessen hat. Im Abteil schläft bereits ein Herr unter seinem Regenmantel, der aber bald schon aufwacht und ihn anspricht. Koblers erster Gedanke: „ist das aber ein Schwätzer" (178). Als Kobler sein Reiseziel nennt, sagt der Herr glücklich lächelnd, er fahre auch nach Barcelona, als Sonderkorrespondent, und stellt sich vor: Er heißt Rudolf Schmitz und ist Redakteur aus Wien. Schmitz philosophiert im weiteren Verlauf über das „Sinnlose des Zufalls" (181), über Pädagogik und Revolution. Kobler proklamiert erneut sein kaufmännisch geprägtes Weltbild, Schmitz sieht sich dagegen als „Mann der Feder" (183). Beide machen sich darüber Gedanken, ob der andere als Reisebegleiter tauge. Kobler glaubt, Schmitz könne ihm in Barcelona nützen, auch wenn von ihm ein schlechter Geruch ausgeht; Schmitz hält Kobler zwar für „blöd" (184), unterhält sich aber weiter mit seinem Gegenüber.

14

Über Europas Zukunft

Beim Aufenthalt in Mailand gegen beide ins Bahnhofs-Restaurant und sprechen dem Chianti kräftig zu. Kobler wird immer gesprächiger: Man erfährt, dass er 1922 nach München gezogen ist, verschiedenen, teils dubiosen Tätigkeiten nachging und schließlich in der Autobranche landete. Dazu berichtet er auch, dass sein Bruder Alois im Ersten Weltkrieg gefallen ist. Beide spekulieren darüber, ob es in Europa noch einmal einen Krieg geben werde. Schmitz fordert die Idee der europäischen Verständigung auf der Grundlage wirtschaftlicher Verständigung, eine Art Paneuropa, die Vereinigten Staaten von Europa – „aber ohne Großbritannien" (190). Nach fünf Flaschen Chianti lässt bei beiden die Konzentration stark nach.

15

Gemeinsamer Rausch

Die beiden Herren haben einen gewaltigen Rausch, sind aber voneinander begeistert, lallen sich bei der Weiterfahrt euphorisch an und fallen bald in einen Schlaf voller Träume; Kobler zum Beispiel träumt von seinem toten Bruder Alois.

16

Ankunft in Marseille

Kurz vor San Remo wachen sie wieder auf, Kobler sieht zum ersten Mal in seinem Leben das Meer, hat aber einen schweren Kater. Nach einiger Zeit erreichen sie Marseille und übernachten dort in einem Hotel am Boulevard Dugommier (das Nachtquartier erweist sich als Stundenhotel).

17

Kolonialismus

Kobler und Schmitz bummeln am nächsten Morgen durch Marseille, Schmitz redet über den französischen Kolonialismus und meint: „Wir Weißen sind die größten Bestien!“ (198). Kobler denkt schon an den anstehenden Besuch des Bordellviertels.

18

Im Bordellviertel

Bald haben sie diesen Distrikt erreicht, erschrecken beim Anblick einiger älterer Huren und machen sich Gedanken über das Phänomen der Prostitution. Koblers lakonische These lautet: „Wo eine Nachfrage ist, da ist halt auch ein Angebot da. Das sind halt so Urtriebe“ (201); Schmitz erinnert an Marx' These, wonach die Prostitution in einer kommunistischen Gesellschaft verschwinden würde. Die beiden besuchen ein vornehmes Bordell, das Haus „Chez Madelaine“. Kobler hat Sorgen, dass es hier sehr teuer werden könnte; Schmitz erkennt in den Frauen aus verschiedenen Nationen ein gelungenes Beispiel für europäische Zusammenarbeit. Die deutsche Prostituierte Irmgard setzt sich zu ihnen an den Tausch, man plaudert – mehr passiert nicht.

19

Der Zug fährt weiter über Tarascon Richtung Barcelona. Eine attraktive Dame kommt ins Abteil, sie ist eine in Köln geborene Deutsche; Kobler glaubt in ihr seine ersehnte „Ägypterin" gefunden zu haben. Schmitz redet zunächst auf die Unbekannte ein, dann mischt sich auch Kobler ein und erzählt sehr direkt von einer pornographischen Filmvorführung in Marseille, was ihre Neugier weckt. Schmitz fühlt sich von dem jüngeren Kobler ausgebootet und verlässt wütend vorübergehend das Abteil. Die Dame heißt Rigmor Erichsen, ihr Vater ist ein Großindustrieller, auch sie will nach Barcelona. Man redet über Arbeiter, linke Parteien, Juden; die Dame entpuppt sich als Antisemitin. Schmitz ist entrüstet, dass Kobler mit dieser Frau anbandeln will, aber in Kobler reift ein Plan: Er will die Dame erst „kompromittieren" (213) und dann heiraten!

Eine attraktive Dame

20

Schmitz verlässt frustriert das Abteil und sinniert auf dem Gang deprimiert über das Verhältnis von Bolschewismus und Pazifismus: „es gibt halt schon sehr schwierige Probleme auf dieser Malefizwelt!" (214).

Schmitz ist frustriert

21

Schmitz versöhnt sich aber bald wieder mit Kobler und der Dame, und an der spanischen Grenze bei Port Bou müssen die drei mitten in der Nacht umsteigen. Sie kommen bald in Barcelona an und finden dort ein Hotel an der Calle Cortes. Kobler leistet sich ein teures Zimmer und ist voller Zuversicht, dass die Frau bald ihm gehören wird.

In Barcelona

22

Gemeinsam besuchen sie am nächsten Tag die Weltausstellung; Rigmor liest aus dem Katalog vor. Erste Station ist der Autopalast, was Kobler wieder an seinen Verkauf des Kabrioletts erinnert.

Auf der Weltausstellung

Barcelona, Weltausstellung 1929: Teilansicht des Ausstellungsgeländes auf dem Montjuïc © picture alliance / akg-images | akg-images

Dann geht es in den Palast des spanischen Kriegsministeriums, in den Flugzeugpalast, Seidenpalast, italienischen Palast und den Missionspalast – immer fallen Kobler mehr oder weniger passende Assoziationen ein. Mit einem Bus fahren sie anschließend auf den Montjuïch, genießen die Aussicht auf Stadt und Meer, essen im Restaurant Miramare, danach erreichen sie noch einen Vergnügungspark.

23

Beim Stierkampf

Der Besuch einer Stierkampfarena – gefüllt mit etwa 20.000 Zuschauern – steht an. Schmitz ist empört über die inhumanen Vorgänge: „Das ist ja der reine Lustmord (...) da sollt aber der Völkerbund einschreiten!" (223). Kobler hat zu dem Thema wieder eine ganz andere, sehr „kaufmännische" Einstellung: Ein Torero sei berühmt und verdiene viel Geld und hat nicht zuletzt Erfolg bei Frauen. Rigmor wiederum bekommt Lust auf Sex.

24

Koblers Erfolg

Beim Hotelfrühstück am nächsten Morgen wird zunächst über paneuropäische Ziele diskutiert, dann aber erzählt Kobler triumphierend, er habe die Nacht mit Rigmor verbracht, und er sei sich seiner Sache sicher. Schmitz beschließt, heimlich aus dem Erlebten einen humoristischen Artikel zu machen.

25

Rigmors Geständnis

Wenig später gesteht Rigmor, dass sie schon einen Bräutigam habe, nämlich den amerikanischen Millionär Alfred Kaufmann, und dass dieser überraschend und zu ihrem Bedauern schon in Kürze in Barcelona eintreffen werde. Sie müsse ihn heiraten, weil sein Geld die Firma des Vaters sanieren solle. Kobler fühlt sich gedemütigt, wie im Ersten Weltkrieg Deutschland von den USA. In diesem Augenblick erscheint auch schon Mister Kaufmann.

26

Kobler wird Paneuropäer

„Noch am selben Tag fuhr Kobler wieder nach Hause" (227). Er hat – so sieht er es – seine 600 Reichsmark für einen „großen Dreck" (228) ausgegeben. Schmitz tröstet ihn, er habe doch bedeutsame Erfahrungen gemacht, er habe zum Beispiel den „Beweis für Amerikas brutale Vorherrschaft" (228) am eigenen Leib erfahren. Nun müsse er eigentlich ein überzeugter Paneuropäer werden. Kobler reist über Genf nach Hause und denkt weiter über seine gescheiterte Einheirat in eine reiche Familie nach. Rigmor ist für ihn ein deprimierendes Symbol für das verarmte Europa, das „sich nach Übersee verkaufen muss" (229). Kurz vor München findet er in seinem Abteil noch einmal einen Gesprächspartner, einen älteren Herrn, dem er seine paneuropäischen Ideale vorträgt. Dieser aber antwortet nur mit nationalistischen Phrasen und Franzosenhass: „Jeder Franzose und jede

Französin gehören vergast" (230). Auf dem Gang trifft er dann noch auf einen freundlichen Herrn, der ebenfalls ein richtiges Paneuropa, das den sozialen Aufstieg der Arbeiter garantiert, befürwortet. Kobler wird jedoch aus diesem Herrn nicht schlau.

Zweiter Teil: *Fräulein Pollinger wird praktisch*

Der **zweite Teil** mit dem Titel *Fräulein Pollinger wird praktisch* besteht aus elf Kapiteln (232–256). Er spielt in der Zeit, „während der Herr Kobler verreist war" (232), also etwa Ende September 1929. Orte der Handlung sind München und der Starnberger See. Als Motto ist dem zweiten Teil ein Zitat von Friedrich Nietzsche vorangestellt.

1

Anna wird entlassen

Anna Pollinger, die bei der Kfz-Vermietung „National" in München als „Büromädchen" angestellt war, wird arbeitslos. Ihre Firma muss „infolge der katastrophalen Konjunktur" (232) schließen. Sie erhält am 27. September 1929 von ihrem Arbeitgeber ein lobendes Zeugnis: „… wünschen ihr alles Gute für ihr ferneres Leben" (233).

2

Annas Tante und Herr Kastner

Annas Eltern sind schon gestorben, sie wohnt bei einer Tante in der Schellingstraße, neben ihr noch ein anderer Untermieter, der Militärzahntechniker Herr Kastner. Die Tante schimpft über die Nachkriegszeit und will ihre arbeitslose Nichte hinauswerfen, überlegt es sich dann aber doch anders. Kastner hat bei Anna Absichten und behauptet, er könne ihr einen Job beim Film vermitteln, da er selbst in diesem Metier schon gearbeitet habe, was aber gelogen ist.

3

Anna soll „praktischer" werden

Kastner betritt ohne anzuklopfen Annas Zimmer. Er behauptet, dass er an ihre Zukunft denke, ihr Liebesleben nicht mehr mitansehen könne und sie sich in einer Beziehung mit Herrn Kobler „vergeuden" würde. Daher müsse sie endlich „praktischer" (beide 237) werden, mehr an sich denken und dürfe dabei die Arbeit als Prostituierte nicht ausschließen. Er empfiehlt ihr den Künstler (Radierer) Achner, der zurzeit ein passendes Modell suche – zehn Mark wären dabei zu verdienen, zumal sich in seinem Atelier „die Spitze der Gesellschaft" (238) für Stelldicheins trifft.

4

Ein Neuanfang als Hure?

Anna hat Kastner zwar versprochen, für den Künstler Modell zu stehen, ist sich aber unsicher, ob sie darüber hinaus tatsächlich ihren Körper verkaufen soll, da man dann als Frau allzu leicht auf die schiefe Bahn geraten könne. Sie glaubt Stimmen von unheimlichen Herren bzw. ihren früheren Liebhabern zu hören und wehrt sich gegen Kastners Vorschlag: „Ich hab noch nie Geld dafür genommen" (241).

5

Der Künstler als Spießbürger

Anna geht zu Achners Atelier, der behauptet, er verachte die Spießbürger, „weil sie nichts für die wahre Kunst übrighätten" (242). Doch vielleicht wäre er selber auch gerne ein Spießbürger geworden mit Frau und Kind; er selbst sieht sich als Buddhist.

6

Anna zieht sich hinter einem Paravent aus und erinnert sich an einen Besuch der Münchner Glyptothek.

7

Im Sportwagen zum Starnberger See

Plötzlich kommt Besuch ins Atelier: der erfolgreiche Eishockeyspieler Harry Priegler. Weil Achner Harry Geld schuldet, überlässt er ihm sein Modell. Harry lädt Anna zu einer Spritztour an den Starnberger See mit seinem Sportwagen ein.

8

Kastner erlebt eine Enttäuschung

Später kommt auch Kastner voller Erwartungen mit einer Flasche Likör ins Atelier, muss aber enttäuscht vom Künstler erfahren, dass Anna schon mit Harry unterwegs ist.

9

Die Spritztour

Harry chauffiert die beeindruckte Anna in seinem rücksichtslosen Fahrstil rund um den Starnberger See mit Stationen in Possenhofen und Feldafing.

10

Im Seerestaurant

Im Seerestaurant Feldafing wird eingekehrt. Harry fragt Anna, warum er bei Frauen so viel Glück habe, zugleich aber nie die Richtige finde: „Aber ob ich die Liebe find? Ob es überhaupt eine Liebe gibt?" (253). Er prahlt mit seinen früheren Beziehungen, von denen einige gerade an anderen Tischen sitzen.

11

Anna wird „praktisch"

Auf der Rückfahrt hält Harry in einem Seitenweg des Forstenrieder Parks. „Anna wusste, was nun kommen würde" (255): Der Sportler nähert sich ihr, „und zwar in einer handgreiflichen Weise" (ebd.). Anna aber verlangt Geld für ihre Liebesdienste, man einigt sich auf fünf Mark – es ist das erste Mal, dass sie Geld für Sex nimmt.

Dritter Teil: *Herr Reithofer wird selbstlos*

Der **dritte Teil** mit dem Titel *Herr Reithofer wird selbstlos* besteht aus sechs Kapiteln (257–275). Er spielt Anfang November 1929. Ort der Handlung ist München. Als Motto ist dem dritten Teil ein Satz aus dem Ersten Brief an die Korinther (Neues Testament) vorangestellt.

1

„Total verkommen"

Anna ist von ihrer Tante aus der Wohnung geworfen worden, nachdem diese von einem Polizisten (der eigentlich Herrn Kastner wegen Verbreitung unzüchtiger Schriften verhaften wollte) erfahren hat, dass ihre Nichte als Prostituierte arbeitet. Anna wohnt jetzt in der Nähe des Goetheplatzes. Auch Herr Kobler – zurückgekehrt aus Barcelona – will nichts mehr von ihr wissen, sie sei – so sein Freund, der Graf Blanquez – „total verkommen" (258). Anna hat nichts zu essen und sieht in der Prostitution ihre einzige Überlebenschance.

2

Der nette Herr Reithofer

Anna lernt vor dem Arbeitsamt den ehemaligen Kellner, Herrn Reithofer, kennen, auch er ist arbeitslos. Reithofer, der nicht erkennt, dass er mit einer Prostituierten spricht, philosophiert über die Bedrohungen der modernen Welt (Verkehrsmittel, künstliche Menschen, anarchische Produktionsverhältnisse). Die beiden gehen am Sendlinger Tor ins Kino; Reithofer lädt sie mit seinem letzten Geld ein. Es läuft ein tragischer amerikanischer Film über eine unglückliche Millionärin. Anna, die nicht weiß, dass Reithofer kein Geld mehr hat, ruft sich in Erinnerung, dass alles Nette an Männern immer nur eine „Kriegslist" (264) sei, in der Hoffnung, so umsonst an ihr Ziel zu kommen. Als Reithofer nach dem Film noch mit ihr spazieren gehen will, reicht es ihr: Sie fordert für alles Weitere fünf Mark. Reithofer, der erst mit Verzögerung versteht, mit wem er im Kino war, wirft ihr vor, seine Situation ausgenutzt zu haben, und lässt sie stehen.

3

Der „Frauenkenner"

Reithofer sieht Anna als „Mistvieh". Aber weil er sich für einen „Frauenkenner" hält und zu wissen glaubt, dass „alle Weiber unzuverlässig seien" (alle 265), wird er versöhnlicher gestimmt; vor einem Fotoladen träumt er angesichts eines Familienbildes sogar von der Gründung einer eigenen Familie. Er entdeckt ein Bierlokal und will seine letzten dreißig Pfennig für ein Glas Bier ausgeben.

4

Wiedersehen mit einer Bekannten

Dort wird Reithofer von einer ihm zunächst unbekannten Frau angesprochen, die ihn aber zu kennen scheint und von ihren zurückliegenden geschäftlichen Misserfolgen auf Ausstellungen berichtet. Es ist die Prostituierte Margarethe Swoboda, und sie kennt Reithofer über ihren im Ersten Weltkrieg gefallenen Mann Karl. An den Tisch kommen auch noch die Toilettenfrau, die von allen nur „Großmama" genannt wird und nebenbei Horoskope stellt, und ein älterer Herr, der ihr Gespräch über das traurige Schicksal von Offizieren nach einem verlorenen Krieg und Reithofers Suche nach Arbeit mit angehört hat. Dieser erzählt von einem ihm bekannten Schneidergeschäftsinhaber in Ulm, der gerade eine Schneiderin suche.

5

Eine Schneiderin wird gesucht

Reithofer denkt unwillkürlich an Anna und empfiehlt sie dem Herrn, denn er erkennt: „Wenn sich alle Mistvieher helfen täten, ging es jedem Mistvieh besser" (272). Der Herr telefoniert mit dem Kommerzienrat bzw. Schneider, der sich gerade in München aufhält: Schon morgen früh könnte Anna sich im Hotel „Deutscher Kaiser" bei ihm vorstellen!

6

Die Entdeckung „menschlicher Solidarität"

Reithofer sucht Anna und findet sie an der Ecke Holz- und Müllerstraße. Er unterbreitet ihr das Angebot, das für sie eine „solide Arbeitsmöglichkeit" (274) darstellt. Anna kann gar nicht verstehen, „dass ihr ein Mensch mit einem Rettungsring nachlaufe, nachdem sie diesen Menschen ausgenutzt hätte". Anna erlebt ein „Zeichen für die Möglichkeit menschlicher Kultur und Zivilisation". Reithofer sieht sich nicht mehr als ein weiteres Mistvieh, sondern als eine Art selbstloser Botschafter für die „menschliche Solidarität" (alle 275).

3.3 Aufbau

Zusammenfassung

- Der Roman besteht aus drei Teilen, die wiederum in mehrere Kapitel unterteilt sind (Erster Teil: 26 Kapitel, Zweiter Teil: elf Kapitel, Dritter Teil: sechs Kapitel).
- Jeder Romanteil hat eine andere Hauptperson (Erster Teil: Alfons Kobler, Zweiter Teil: Anna Pollinger, Dritter Teil: Eugen Reithofer).
- Alle drei Romanteile spielen in München, Erster und Zweiter Teil jedoch partiell noch an anderen Orten (Erster Teil: München, Zugreise nach Barcelona mit Zwischenhalt u. a. in Mailand und Marseille, Zweiter Teil: München und Starnberger See).

Dreiteiliger Aufbau des Romans	**Teil 1**	**Teil 2**	**Teil 3**
Raumgestaltung	München – Barcelona	München und Umgebung	München
Zeitgestaltung	Mitte September 1929	Mitte September 1929: „während Herr Kobler verreist war" (232)	Anfang November 1929

Personelle Zusammenhänge

Die Verbindung des ersten zum zweiten und dritten Teil ist fast nur dadurch gegeben, dass sie teilweise zur selben Zeit und teilweise am selben Ort (München) spielen. Personelle Zusammenhänge gibt es nur bei den Figuren Anna Pollinger und Herr Kastner.

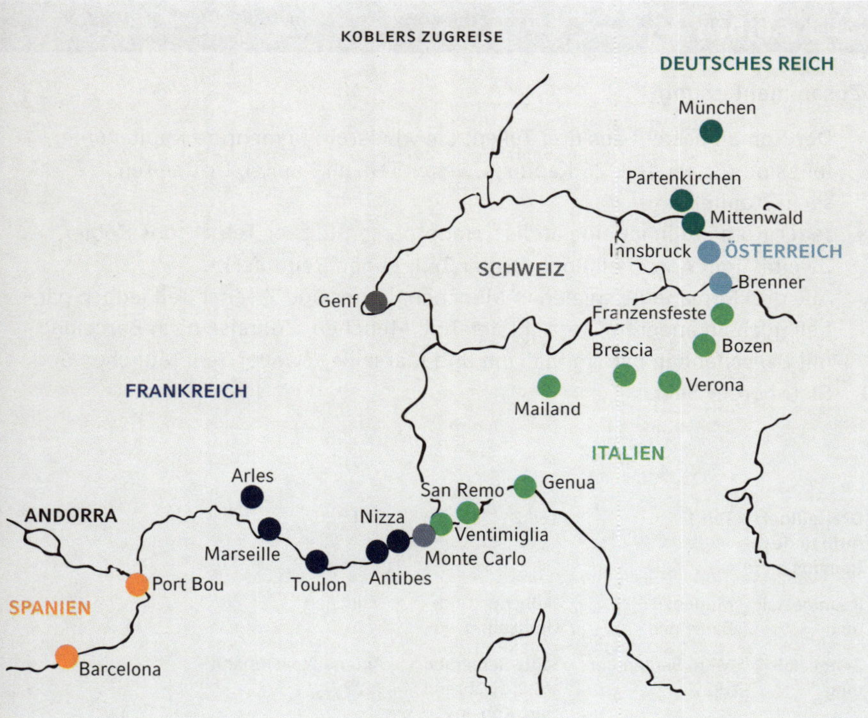

Ausführliches tabellarisches Schema des Roman-Aufbaus

Dreiteiliger Aufbau des Romans	Erster Teil	Zweiter Teil	Dritter Teil
Überschrift	*Herr Kobler wird Paneuropäer*	*Fräulein Pollinger wird praktisch*	*Herr Reithofer wird selbstlos*
Unter-teilung	26 Kapitel	elf Kapitel	sechs Kapitel
Haupt-person	Alfons Kobler	Anna Pollinger	Eugen Reithofer

Dreiteiliger Aufbau des Romans	Erster Teil	Zweiter Teil	Dritter Teil
Motto	„Denn solang du dies nicht hast, / Dieses ‚Stirb und werde!' / Bist du noch ein trüber Gast / Auf der dunklen Erde" J. W. v. Goethe: *Selige Sehnsucht* (entst. 1814, aus dem Gedichtzyklus *West-östlicher Divan*, 1819)	„Nur wer sich wandelt, bleibt mit mir verwandt" (nach Friedrich Nietzsche, *Jenseits von Gut und Böse. Vorspiel einer Philosophie der Zukunft*, 1886)	„Und die Liebe höret nimmer auf" (nach: *Neues Testament, Erster Brief an die Korinther*)
Orte der Handlung	v.a. München, Mailand, Marseille, Barcelona	München, Starnberger See	München
Zeit	Mitte bis Ende September 1929	Ende September 1929	Anfang November 1929
weitere Personen	Hofopernsängerin, Käsehändler Portschinger, Frau Perzl, Graf Blanquez, Anna Pollinger, Thimoteus Bschorr, Albert Hausmann, Franz Karl Zeisig, ein Herr aus Weimar, Rudolf Schmitz, Irmgard, Rigmor Erichsen, Alfred Kaufmann, Fahrgäste im Zug	Annas Tante, Herr Kastner, der Kunstmaler Achner, Harry Priegler	Anna Pollinger, Annas Tante, Herr Kastner, Herr Kobler, Margarethe Swoboda, ein älterer Herr
Seiten in Werkausgabe, Bd. 12	131–231	232–256	257–275

3.4 Personenkonstellation und Charakteristiken

Zusammenfassung

Die Personenkonstellation in dem Roman *Der ewige Spießer* lässt sich nach verschiedenen Aspekten darstellen und analysieren:

- Einteilung in Hauptpersonen (Alfons Kobler, Anna Pollinger, Eugen Reithofer), Nebenfiguren und Randfiguren
- Beziehungsgruppierung rund um die jeweilige Hauptperson
- nach dem Vorkommen im 1., 2. oder 3. Teil
- nach der Zugehörigkeit zu dem Typus „Spießer": Lässt sich die jeweilige Person diesem Typus zuordnen?
- Zugehörigkeit zu einer sozialen Gruppe (vgl. Lernskizze 1)
- Anna Pollinger als zentrale und einzig tragische Figur

Personencharakteristik

Hervorhebung des Individuellen

- Die Charakteristik von Gestalten einer Dichtung ist eine Form der schriftlichen Reflexion. Sie unterscheidet sich von der freien Charakterzeichnung dadurch, dass nun nicht mehr lebende Menschen in ihren äußeren und inneren Erscheinungsformen skizziert werden, sondern vom Dichter gestaltete Persönlichkeiten. Die literarische Charakteristik ist die Wesensschilderung einer Textfigur, gestützt auf Textinformationen. Es kommt darauf an, nicht alles Mögliche, sondern nur das Bezeichnende, Unterscheidende, also das Individuelle hervorzuheben.
- Die Charakteristik will nicht nur – wie die Beschreibung – eine Person genau und vollständig darstellen, sondern den Menschen in seiner wesentlichen Prägung durch Anlage und soziale Umwelt verstehen.
- Die Charakteristik will den Zusammenhang zwischen der psycho-sozialen Ausgangslage einer Figur und ihrem Handeln und Verhalten sowie Sprechen und Denken aufdecken.

Sie ist somit um die Aufklärung des Kausalzusammenhanges von Ursachen und Wirkungen bemüht; sie will die Entwicklung einer Figur beobachten, da Menschen nicht statisch sind.

- Die Charakteristik wird die einzelne Figur immer im Zusammenspiel mit anderen Figuren sehen, da der Mensch sozial lebt, da er „nicht nicht-kommunizieren" (Paul Watzlawick) kann und da Wechselwirkungen zwischen den Figuren bedeutend sind; so muss man sich die Position der Figur in der Personenkonstellation klarmachen.

In historisch-kritischer Sicht müssen die Mentalität und die Normen einer Epoche zur Zeit der Entstehung eines Textes als Einflussfaktoren für die Figurengestaltung einbezogen werden.

Bei einer systematischen Textuntersuchung im Hinblick auf die Gestaltung einer Figur (oder einer Figurengruppe) kann man einzelne Beobachtungsfelder unterscheiden:

Äußere Merkmale: Lebensdaten (Alter, Geschlecht), Aussehen, Verhalten (z. B. Gestik, Mimik, Sprechweise [was gesagt wird und wie etwas gesagt wird], Statur, Körperbau, Kleidung, Auftreten), Gewohnheiten, Handlungsweisen

Die Figur in ihrer Lebenswelt: Ort und Zeit der Handlung, soziale Verhältnisse (Herkunft, Milieu, Familie), Ansehen im privaten und öffentlichen Lebensbereich, Stand-/Schichtzugehörigkeit, Bildung

Wesen: Empfindungen, Gefühle, Einstellungen zu Personen, Verhältnis zu anderen Figuren, Benehmen, Reaktionen auf Überraschendes, Haltungen (Überzeugungen, Wertvorstellungen, Vorbilder, Auffassung zu bestimmten Problemen, Verhalten in bestimmten Situationen), Selbstbekenntnisse

Einteilung in Haupt-, Neben- und Randfiguren

Hauptfiguren	Nebenfiguren	Randfiguren
▪ Alfons Kobler ▪ Anna Pollinger ▪ Eugen Reithofer	▪ Graf Blanquez ▪ Rigmor Erichsen ▪ Frau Perzl ▪ Rudolf Schmitz ▪ die Tante von Anna Pollinger ▪ Künstler Achner ▪ Harry Priegler ▪ Herr Kastner ▪ Margarethe Swoboda ▪ die (ehemalige) Hofopernsängerin ▪ Thimoteus Bschorr (Ziegeleibesitzer) ▪ der Hotelier aus Partenkirchen	▪ ein älterer Herr im Bierlokal ▪ der Käsehändler Portschinger ▪ Adam Maurer, „Sachverständiger" für Portschinger beim Autokauf ▪ die deutsche Prostituierte Irmgard in Marseille ▪ Alfred Kaufmann, der Bräutigam von Rigmor aus den USA ▪ der ungarische Abgeordnete im Reisebüro ▪ der Dolmetscher auf dem Bahnhof von Verona

Die Hauptfiguren

Alfons Kobler

Abenteuerliche Laufbahn

Kobler ist 27 Jahre alt und die Hauptperson des Ersten Teils, er wohnt möbliert in Untermiete bei Frau Perzl und hat eine recht abenteuerliche berufliche Entwicklung hinter sich. Zuletzt war er Verkäufer bei einem Autohaus, machte sich dann selbstständig („war halt sein eigener Herr", 135). Er freut sich über lukrative Geschäfte, auch wenn seine Geschäftspartner (z. B. Herr Portschinger) dabei geschädigt werden, zeigt sich also in Geschäftsdingen als **skrupellos und unseriös.**

„Ökonomisches" Beziehungsleben

Eine Zeitlang lässt er sich von einer ehemaligen Hofopernsängerin aushalten, bald aber ist sie ihm zu alt. Seine **Beziehungen zu Frauen** sieht er vor allem unter ökonomischen Aspekten: Entweder man muss selber zahlen (bei Prostituierten) oder man sollte sich wohlhabende Frauen suchen, die einem ein sorgenfreies Leben garantieren, wie zum Beispiel die Industriellen-Tochter Rigmor Erichsen: Deren Abneigung gegen Arbeiter kann er, wenn es für ihn vorteilhaft ist, teilen, und auch ihren antisemitischen und revisionistischen Aussagen will er aufgrund seiner langfristigen Ziele mit dieser Frau nicht widersprechen. Kobler verbringt die Nacht mit Rigmor und glaubt, das sei die richtige Taktik, um zu seinem Ziel zu kommen. „Die Frauenfrage interessiert mich nicht, mich interessiert nur die Frau!" (213). Als aber Rigmor im Nachhinein zugibt, schon einen Bräutigam zu haben, ist Kobler enttäuscht und fährt umgehend wieder zurück nach München: Er hat die 600 Reichsmark von Herrn Portschinger „für einen großen Dreck" ausgegeben (228), wie er nun findet.

Verhältnis zu Anna Pollinger zu Graf Blanquez

Vor seiner Reise hat er auch eine lockere Beziehung zu Anna Pollinger, doch nach seiner Rückkehr will er von der jungen Frau nichts mehr wissen; „ich bin halt diesen Verhältnissen hier schon etwas entwachsen und will nicht mehr runter von meinem Niveau" (258). Mit dem dubiosen Grafen Blanquez unterhält Kobler eine gewisse Form von Freundschaft: Er will sich mit ihm vertragen, weil er oft geschäftlich mit ihm zusammenarbeiten muss.

„Kaufmännisches Weltbild"

Als cleverer Geschäftemacher predigt er ein kaufmännisches Weltbild: „Heutzutage muss man über Leichen gehen, wenn man was erreichen will" (144). Daraus entwickelt sich auch seine eher konservative politische Grundhaltung: Kobler lehnt Revolutionen ab, weil Revolutionäre keinen „kaufmännischen Verstand" haben (182). Er sieht sich eigentlich politisch rechts, gegenwärtig **tendiert er aber eher zur Mitte**. Er befürwortet den europäischen Handel, bei dem aber die „nationale Ehre" hochgehalten werden muss (159). Denn Politik ist wie Autoverkaufen, „aber zurzeit werden wir von den übrigen Nationen bloß betrogen" (218).

Er lehnt Sozialismus, Kommunismus, Anarchismus, Syndikalismus[10] und Nihilismus ab und freut sich über seinen Status als Selbstständiger:

> „Was wär das für ein Unglück, wenn alle Leut Angestellte wären, wie sich das der Marxismus ausmalt – als Angestellter hätte ich mich doch niemals so angestrengt, den Portschinger zu betrügen (...) durch diese drohende Sozialisierung würden halt viele Werte brachliegen (...), weil halt die persönliche Initiative zerstört wär" (155).

Flexibler Opportunist

Damit könnte Kobler heute fast als **Vordenker eines neoliberalen Weltbildes** gelten! Als flexibler Opportunist lässt Kobler aber auch radikale Positionen von rechts zu und kultiviert antisemitische Vorurteile: Für Kunst „interessieren sich doch nur die Weiber von reichen Juden" (146), findet er. Die Mühsal des Einerseits-Andererseits beantwortet er mit einer gewissen Resignation und flüchtet sich in unpolitische Banalitäten: „Am Ende ist es anscheinend ganz wurscht, wer so einen Krieg gewinnt" (151). Er ist zwar gegen den Krieg, könne aber kein Pazifist sein, da sein Bruder im Krieg gefallen sei (vgl. 186). Einerseits versteht er Leute, die wieder einen Krieg wollen, weil sie den verlorenen deutschen Kolonien nachtrauern (188); andererseits ist er für Völkerverständigung (Paneuropa), „aber ich glaub halt, dass wir uns nur sehr schwer verständigen werden, weil keiner dem anderen traut" (189), „es spielen da noch einige Gefühlsmomente eine Rolle" (224).

Kunstbanause und Bordellgänger

Kobler ist, wie bereits gesagt, auch ein bekennender Kunstbanause: „für die Kunst hab ich schon gar nichts übrig" (146); „Ich bin auf die Gotik gar nicht so scharf" (185); „Mir sagt auch das Barock nichts" (185). Selbst der Name van Gogh ist ihm nicht

---

10 Form des Sozialismus, bestimmt durch die Aneignung der Produktionsmittel durch die Gewerkschaften.

Marseille um 1930
© picture alliance / brandstaetter images/Austrian Archives | -

geläufig. In Marseille will er die Stadtbesichtigung kurzhalten und lieber bald eines der örtlichen Bordelle aufsuchen. Kobler sieht auch die **Prostitution** vor allem unter dem kaufmännischen Aspekt: „wo eine Nachfrage ist, da ist halt auch ein Angebot da" (201), nach dem Motto: Wenn die Frau zuhause zu prüde ist, muss der Mann halt ins Bordell! Im gehobenen Etablissement denkt Kobler freilich auch besorgt an die möglichen hohen Kosten.

Er kennt zwar das Motiv für Reisen als „Horizonterweiterung", will aber vor allem erfahren, wie man z. B. im Ausland Autos verkauft, und die Reise als Chance nutzen, eine reiche Frau kennenzulernen und in deren Familie einzuheiraten.

Verhältnis zu Rudolf Schmitz

Seine Zufallsbekanntschaft auf der Reise nach Barcelona, der mitreisende Redakteur aus Wien Rudolf Schmitz, nervt ihn zwar als **intellektuell überlegener Gesprächspartner,** dennoch sieht er in ihm einen verwertbaren Reisebegleiter – „vielleicht kann ich ihn sogar ausnützen" (184). Schmitz' Prognose, dass nach dem Zeitalter der Kaufleute das Zeitalter des Proletariats kommen wird, verunsichert Kobler: „Aber das geht doch nicht!" (182). In der Stierkampfarena von Barcelona empört sich Schmitz über die Tierquälerei, doch Kobler sieht das ganz anders: „So ein Torero ist ein sehr angesehener Mann und ein rentabler Beruf (...) er wird ja sogar vom König empfangen, und alle Weiber laufen ihm nach!" (223).

Umgeben von Idioten und Mistviechern

Über die Gedanken anderer Mitreisender lästert er: „Quadratidioten" (160); er behauptet das ewige Geschwätz störe ihm beim Denken: „Mistvieh" (178). **Pauschalurteile** über andere Nationalitäten hat er auch zur Verfügung: „Die Österreicher sind halt sehr gemütliche Leut" (164); Italiener gehören zur romanischen Rasse.

Neigung zu Stereotypen

Auf der Rückfahrt sieht er die vergebene Rigmor verständnisvoll als „verarmte Europäerin, die sich nach Übersee verkaufen muss" (229). Angesichts der amerikanischen Übermacht kann er sich nun für die paneuropäische Idee durchaus erwärmen! Als ihm aber ein Mitreisender klarmacht, dass die paneuropäische Idee mit einer Befreiung des Proletariats einhergehen müsse, wird ihm „ganz spanisch zumute" (231).

In schneller Reihenfolge wechselt Kobler **zwischen Sprachkitsch und Banalität**: Mit romantisch verklärtem Blick deutet er auf „Gottes herrliche Bergwelt" und fragt sich: „Was ist der Mensch neben einem Berg?" (166). Die lakonische Antwort: „Ein großes Nichts (...) dann wohn ich schon lieber im Flachland" (166).

Beim Genuss von italienischem Chianti schlägt er gerne mal über die Stränge, französisches Essen ist für Kobler allerdings eine „eigenartige Speis" mit „exotischen Zutaten" (198).

Anna Pollinger

Fräulein Pollinger

Anna ist etwa 21 Jahre alt, tritt in allen drei Teilen des Romans auf, vor allem aber im zweiten und dritten Teil. Vorgestellt wird sie zunächst im „Märchen von Anna Pollinger" (152–154). Sie trägt als unverheiratete Frau zeittypisch die Bezeichnung „Fräulein", man bezeichnet sie als „nett", mit einer Durchschnittsfigur und einem Durchschnittsgesicht (153).

Anna ist **gelernte Näherin**, arbeitet aber als **Sekretärin** im Kontor einer Kfz-Vermietung; in Folge des Zusammenbruchs ihrer Firma im Umfeld der Weltwirtschaftskrise wird sie 1929 arbeitslos. Im Zeugnis der Firma „Kfz-Vermietung National" steht, sie sei ehrlich, fleißig, pflichtbewusst, jetzt aber ist sie auch ein „Opfer der deutschen Not" (233). Sie hatte eine boshafte Mutter, die früh stirbt, und wohnt dann bei ihrer Tante in der Münchner Schellingstraße.

Allerlei Liebschaften

Sie verschließt sich den Herren nicht („sie ließ aber immer nur einen drüber, das hatte ihr das Leben bereits beigebracht", 153) und **macht sich heimlich über die Männer lustig**. Ein Jahr lang war sie mit einem gewissen Fritz zusammen, aber ein Kind von ihm zu bekommen, wäre für sie „das größte Unglück" (153) gewesen. Fritz empfiehlt eine Bergtour, denn die Erschütterungen beim Abwärtssteigen seien angeblich gut dafür, um eine Schwangerschaft zu verhüten. Seitdem ist Anna etwas kränklich, machte Fritz aber keine Vorwürfe, sondern bleibt eine „starke Natur" (154).

Verhältnis zu Kobler

Sie hat offensichtlich auch eine **lockere Beziehung zu Alfons Kobler**. Der benachbarte Untermieter Herr Kastner hat Absichten bei Anna und tut so, als ob er ihr zu einem Job beim Film verhelfen könnte; als er sie im Kino betatschen will, wehrt sie sich aber. Kastner führt später ein Gespräch mit ihr und warnt sie, offenbar aus Eigeninteresse, vor Herrn Kobler: Sie würde sich vergeuden und solle in Liebesdingen „praktischer werden" (237). Gemeint ist damit, dass Anna sich künftig nicht mehr umsonst hergibt, sondern mit ihrem Körper Geld verdient, sich also prostituiert. Er empfiehlt ihr, zunächst beim Kunstmaler Achner Modell zu stehen. Anna fragt sich, ob **Kastners Ratschlag** angesichts der wirtschaftlichen Verhältnisse womöglich sinnvoll sei: „Es dreht sich halt alles um Geld" (241). Schamgefühl kommt beim Modellstehen zwar auf, aber sie hat einmal gehört, das sei nur eine „schamlose Erfindung des Christentums" (243).

Neue Tätigkeit als Prostituierte

Der flotte Harry Priegler kommt ins Atelier und lädt Anna zu einer Tour an den Starnberger See mit dem Sportwagen ein. Priegler entführt sie in „eine aufregend fremde Welt" (250), zeigt ihr „lauter vornehme Menschen" (252). Auf dem Rückweg durch den Forstenrieder Park „wusste Anna, was nun kommen würde" (255). Offenbar hat sie sich aber Herrn Kastners Ratschlag zu Herzen genommen, denn sie reagiert auf Prieglers Annäherungen mit einem klaren „So geht das nicht!" (255) und verlangt zehn Mark, lässt sich dann aber auf fünf Mark herunterhandeln. Gefühle kommen beim folgenden Sex jedoch nicht auf, denn „es war ihr fast alles in ihrem Leben einerlei, denn das musste ja sein, sonst hätte sies nicht ausgehalten" (153).

Annas Ruf leidet

Anna wird aufgrund ihrer neuen Tätigkeit als Sexarbeiterin von der Polizei bald schon als „verdächtiges streunendes Frauenzimmer" (257) geführt, der Graf Blanquez bezeichnet sie als „total verkommen" (258). Sie selbst sieht die Prostitution als einzige Chance, um in diesen Zeiten noch über die Runden zu kommen.

Eine neue Erfahrung: Solidarität

Anna lernt vor dem Arbeitsamt Herrn Reithofer kennen, einen ehemaligen Kellner, der nun auch arbeitslos geworden ist und kaum noch Geld hat. Sie wünscht sich einen Kinobesuch als Ablenkung vom harten Alltag, Reithofer bezahlt, nutzt die Situation aber nicht aus. Als er nach dem Kino noch einen Spaziergang vorschlägt, wird Anna wieder „praktisch": „So einfach geht das nicht!" (264), soll heißen: **Ihre Gesellschaft koste etwas!** Auf dieses Angebot geht Reithofer aber nicht ein.

Anna steht wieder auf der Straße, als Reithofer ihr später mitteilt, dass er von einem Angebot für eine Stelle als Näherin erfahren habe. **Annas Weltbild gerät ins Wanken;** vorher hat sie nur mehr an das Böse in der Welt geglaubt bzw. daran, dass jeder den anderen nur ausnutzen wolle; nun erlebt sie ein Beispiel für das Vorhandensein des Gegenteils, ein „Zeichen für die Möglichkeit menschlicher Kultur und Zivilisation" (275).

Opfer der Verhältnisse

Anna ist eher eine Zuhörerin als Rednerin (153), eher ein Opfer der Verhältnisse als eine Aktivistin und damit eine typische Frauenfigur in Horváths literarischem Werk.

(Eugen) Reithofer

Arbeitsloser Österreicher

Der Mittdreißiger ist die Hauptperson im dritten Teil des Romans. Sein Vorname wird aber nur in dem unveröffentlichten Romanfragment *Sechsunddreißig Stunden* genannt. Reithofer ist Österreicher und war **lange Jahre als Kellner tätig**; jetzt ist er arbeitslos. Finanziell ist er schlecht gestellt, da er als Ausländer in der Weimarer Republik keine Arbeitslosenunterstützung bekommt.

Traum von bürgerlichem Leben

Er hat ein attraktives Aussehen und auffallend gepflegte Hände, wirkt aber ziemlich **resigniert** (denn „oft nütze im Leben der beste Wille nichts", 259), manchmal sogar fast schon depressiv: „müsste man sich halt aufhängen" (260).

Nach dem Kinobesuch mit Anna möchte er mit ihr noch ein bisschen Spazierengehen und ist enttäuscht darüber, dass sie dafür Geld verlangt. Sein Zorn verraucht aber schnell, er tröstet sich damit, dass eben alle Frauen unzuverlässig seien. Er träumt von einer Familie, von Kindern, von einem bürgerlichen Leben.

Anfall von Selbstlosigkeit

In einem Bierlokal trifft er die Prostituierte Margarethe Swoboda, die ihn von früher, über ihren im Ersten Weltkrieg gefallenen Mann, kennt. Von einem älteren Mann in dem Lokal erfährt er zufällig von einer freien Stelle für eine Näherin in Ulm. Plötzlich erwachen in ihm Gefühle der Selbstlosigkeit: „Wenn sich alle Mistvieher helfen täten, ging es jedem Mistvieh besser" (272).

Er sucht Anna, erzählt ihr von der Chance auf einen soliden Arbeitsplatz und bekommt ein gutes Gefühl, weil er trotz seiner eigenen verfahrenen Situation **menschliche Solidarität** bewiesen hat. Reithofer ist damit eine der wenigen positiv gezeichneten Figuren in dem Roman.

Die Nebenfiguren

Rudolf Schmitz

Journalist aus Wien

Schmitz ist um eine Generation älter als Alfons Kobler, also vielleicht Ende 50. Er ist Redakteur aus Wien und fährt für verschiedene Zeitungen als Sonderkorrespondent zur Weltausstellung nach Barcelona. Schmitz stammt aus einer konservativen Offiziers- und Beamtenfamilie, sieht sich aber als Bohemien, also als **Künstlernatur**, und als „Mann der Feder" (183) und als eher **weicher Mensch**. Als junger Mann wollte er Gedichte veröffentlichen und hat mit Karl Marx' *Kommunistischem Manifest* sympathisiert. Schmitz **neigt zu Skepsis und depressiven Stimmungen**, weil ihm Heimat und Familie fehlen.

Er beherrscht angeblich alle Sprachen der ehemaligen Doppelmonarchie und verfügt über ein großes Wissen über die Städte an der Strecke (Verona, Mailand, Marseille), über geschichtliche Zusammenhänge und über Literatur. Mit seinem Intellekt will er seinen Gesprächspartnern imponieren. Seine Zugbekanntschaft Kobler hält er – zu Recht – zwar für ungebildet, sieht in ihm aber trotzdem einen angenehmen Reisebegleiter.

Optimistischer Europäer

Schmitz ist trotz der Erfahrungen des Ersten Weltkrieges ein politischer Optimist und **glaubt an den Fortschritt** sowie die segensreiche Wirkung des Kapitalismus, so etwa, dass es „zwischen den europäischen bürgerlichen Großmächten zu keinem Krieg mehr kommen wird, weil man heutzutag eine Nation auf kaufmännisch-friedliche Art bedeutend billiger ausbeuten kann" (188 f.). Er tritt ein für ein geeintes Europa, sogar für die „Vereinigten Staaten von Europa" (190) als Gegenpol zu den mächtigen USA (Rigmors Absage an Kobler wegen eines amerikanischen Bräutigams ist in Schmitz' Augen für Letzteres ein deutliches Symbol).

Kritischer Zeitgenosse

Schmitz ist ein kritischer Beobachter der Zeit: Er **kritisiert den europäischen Kolonialismus** vor dem Ersten Weltkrieg, sieht aber auch den Stierkampf in Barcelona als menschenunwürdigen Lustmord: „diese Spanier begeilen sich ja an dem Todeskampf eines edlen, nützlichen Tiers!" (223). Die Prostitution hält er zwar für etwas Trauriges, glaubt aber, dass man sie leider nicht abschaffen könne. Zudem philosophiert er immer wieder gern über Themen wie Zufall, Revolution, Pädagogik, Pazifismus vs. Bolschewismus und trinkt gerne Chianti.

Rigmor Erichsen

Reich und sexy

Die junge Frau ist schlank, besitzt ein gewisses Etwas, „was man landläufig Sex-Appeal nennt" (207). Sie wurde in Köln geboren, ihr derzeitiger Wohnsitz ist Duisburg, sie lebt aber viel im Ausland. Ihr **Vater ist ein schwerreicher Großindustrieller** und Aufsichtsrat.

Antisemitische Vorurteile

Rigmor pflegt antisemitische Vorurteile, weil die Juden angeblich die Arbeiter aufhetzten, und behauptet, dass die Linksparteien das deutsche Vaterland verrieten. In Barcelona geht sie mit den beiden Männern auf die Weltausstellung, ins Restaurant Miramare und zu einem Vergnügungspark. Sie denkt beim Stierkampf vor allem an die Gefahren für den Torero.

Sie verbringt mit Kobler gemeinsam die Nacht im Hotel, bittet ihn am nächsten Morgen aber um Verzeihung, denn sie habe schon einen offiziellen Bräutigam, den Amerikaner Alfred Kaufmann. Den müsse sie wegen ihres Vaters heiraten, weil dieser für seine Firma Kaufmanns amerikanisches Kapital brauche.

Herr Kastner

Eingebildeter Zahntechniker

Er wohnt in Untermiete bei der Tante von Anna Pollinger; sein Vorname und sein Alter sind unbekannt. Kastner arbeitete zeitweise als Statist und Regie-Assistent beim Film, ist jetzt aber Zahntechniker beim Militär. Eigentlich sieht er sich eher als Bohemien, bezeichnet sich als sehr raffiniert und hört sich gern selbst reden.

Möchtegern-Zuhälter?

Er möchte mit Anna ein Verhältnis beginnen, betatscht sie im Kino, wird aber abgewiesen und ist zunächst beleidigt. Nach einer Kontaktpause empfiehlt er ihr dann, vielleicht aus Eigennutz, in Zukunft „praktischer" zu werden: Sie solle ihre „Sinnlichkeit produktiv gestalten" (237), d. h. mit Prostitution Geld verdienen. Nahe liegt dabei der Verdacht, dass sich Kastner langfristig in der Rolle eines Zuhälters sieht. Zumindest vermittelt er ihr gleich eine Arbeit als Modell – und wohl nicht nur als Modell – beim Kunstmaler Achner, um seine Zimmernachbarin damit in bessere Kreise zu bringen; er bezeichnet sich in diesem Zusammenhang als „radikal selbstlos" (238), was aber offenkundig eine Lüge ist. Vielmehr hofft er offenbar auf eine Art Sex-Party mit Alkohol im Atelier (zu der es aber nicht kommt).

Später wird er von der Polizei „wegen gewerbsmäßiger Verbreitung unzüchtiger Schriften und eines fahrlässigen Falscheids" (257) verhaftet.

Harry Priegler

Erfolgreicher Sportler

Priegler ist ein junger, sportlicher Erfolgstyp, Sohn eines Schweinemetzgers und einer Beamtentochter. Seine **Karriere als Eishockeyspieler** hat ihn schon mehrfach ins Ausland geführt. Kulturell ist er allerdings vollkommen uninteressiert.

Er fährt einen rassigen **Sportwagen** („ein blendender Herrenfahrer", 250) und lädt Anna zu einer Fahrt an den Starnberger See ein. Er sieht – im Sinne der Parole „Freie Fahrt für freie Bürger" – eher die Fußgänger als die Autofahrer als Probleme im Straßenverkehr und behauptet, der Staat würde die Kraftfahrer zu Bürgern zweiter Klasse degradieren.

Arroganter Womanizer

Er gibt sich sehr vaterländisch gesinnt, kritisiert aber, dass in Deutschland zu wenig gearbeitet wird. Als **selbsternannter Vertreter des gehobenen Mittelstandes** unterscheidet er zwischen anständigen Menschen und Arbeitern.

Penetrant protzt er vor Anna mit seinen Erfolgen bei Frauen: „ich kann jede Frau haben" (253), beklagt sich aber scheinheilig, noch nicht die Richtige für eine Ehe gefunden.

Auf der Rückfahrt vom Starnberger See wird er im Forstenrieder Park zudringlich: Er glaubt, nachdem er Anna zum Essen im Seerestaurant Feldafing eingeladen hat, dazu ein Recht zu haben. Anna lässt das über sich ergehen, verlangt aber für ihre Liebesdienste Geld (5 Mark).

Margarethe Swoboda

Erfahrene Sexarbeiterin

Sie ist eine Prostituierte, die nach dem Ersten Weltkrieg jeden Halt verloren hat und nur noch an Horoskope glaubt. Ihr Mann Karl ist im Krieg gefallen, dieser hat vorher mit (Eugen) Reithofer in einem Restaurant in Preßburg gearbeitet. Bei einem Besuch hatte sie damals für die beiden Männer Krapfen gebacken.

Im Gespräch erläutert sie, welche Messen und Ausstellungen in welchen Städten für die Ausübung ihres Berufs besonders lukrativ sind.

Die (ehemalige) Hofopernsängerin

Reiche Witwe

Sie ist eine wohlhabende Dame im Alter von 52 Jahren (134) und singt nur noch bei Wohltätigkeitsveranstaltungen. Sie lebt in einer Münchner Villa mit parkähnlichem Vorgarten, denn ihr Gatte, ein dänischer Honorarkonsul, ist 1914 gestorben und hat ihr viel Geld samt Haus vererbt.

Kobler als zeitweiliger Liebhaber

Der deutlich jüngere Alfons Kobler ist eine Zeitlang ihr Liebhaber. Er isst, trinkt und badet bei ihr, nimmt aber für seine Dienste kein Geld. Als selbstständiger Autohändler hilft er ihr beim Verkauf ihres Kabrioletts, betrügt sie aber dabei um 250 Reichsmark. Sie will ihm großzügig und ein bisschen naiv verzeihen, doch Kobler hat wegen ihres Alters kein Interesse mehr an ihr.

Frau Perzl

Stolze Arztwitwe

Frau Perzl ist eine geborene Wienerin, Ende 50 und Witwe; ihr 1907 verstorbener Mann war Frauenarzt – deshalb sieht sich Frau Perzl als Mitglied des gehobenen Mittelstandes. Ihr **Sohn Ferdinand**, ihr einziges Kind, hat das Erbe bereits ziemlich verbraucht und ist „nur" mit einer Sekretärin namens Frieda Klovac verheiratet, die für die Mutter keine standesgemäße Schwiegertochter darstellt.

Feindbild Proletariat

Frau Perzl kaschiert ihren **materiellen Niedergang** mit angeblicher ideeller Überlegenheit; Letztere besteht jedoch nur aus „Unwissenheit und aus der natürlichen Beschränktheit des mittleren Bürgertums" (139). Ihr Feindbild ist das Proletariat, weil sie ahnt, „dass dieser Klasse die Zukunft gehört" (139).

Koblers Ratgeberin

Frau Perzl ist die **Vermieterin der möblierten Wohnung** von Alfons Kobler und hat eine gewisse Sympathie für ihn: Sie warnt ihn vor dem dubiosen Grafen Blanquez und empfiehlt ihm, mit dem Geld aus dem Autoverkauf eine Reise in die weite Welt zu unternehmen: „Sie werden im Ausland sicher viel lernen, was Sie dann opulent verwerten können" (146). Ein italienischer Kurort ist ihr Traumziel: „Wenn ich an all die fremden Länder denk (...) so hebts mich direkt von der Erden weg, so sehr sehn ich mich nach Abazzia" (145). Schließlich empfiehlt sie Kobler die Reise zur Weltausstellung in Barcelona, wo man bestimmt auch wohlhabende Frauen treffe.

Graf Blanquez

Adliger Schnorrer

ist ein Beispiel für den verarmten Adel nach 1918; eigentlich eine **elegante Erscheinung**, aber gleichzeitig eine „verpatzte" Persönlichkeit, ein großer Junge, jedoch leider ohne Hemmungen.

Schon mehrfach hat er Kobler angepumpt, mit dem **windigen Versprechen**, er erwarte eine stattliche Erbschaft von einem sterbenskranken Großonkel. Außerdem habe er angeblich ein todsicheres System, um in den Spielbanken groß zu gewinnen.

Er empfiehlt Kobler die Reise in ein Luxushotel, wo er eine reiche Frau kennenlernen könnte. Anna Pollinger bezeichnet er im Schlussteil des Romans als „total verkommen" (258), denn er weiß von ihrem Ausflug mit Harry Priegler und dass sie inzwischen ihren Körper verkaufe.

Anna Pollingers Tante

Tugendwächterin

Sie vermietet ihrer Nichte ein Zimmer, im Erdgeschoss hat sie ein kleines Geschäft („Antiquariat"). Sie fällt auf durch ihr ewiges Geschimpfe, hat aber ein gutes Herz, zumindest bis zu einer gewissen Grenze. Denn als sie von der Polizei erfährt, dass Anna sich „außer jedem Zweifel dafür [für Liebesdienste, d. V.] bezahlen ließe" (257), wirft sie ihre Nichte aus der Wohnung und bricht jede Beziehung zu Anna ab. Prostitution ist mit ihrer erzkatholischen Weltanschauung nicht zu vereinbaren.

Der Künstler Achner

Pseudoelitäres Künstlertum

Achner fertigt vor allem Radierungen an und ist angeblich künstlerisch hochtalentiert. In seinem Atelier steht ein buddhistischer Hausaltar, vor dem er regelmäßig meditiert. Als Vertreter des ungebundenen Künstlertums mit Zügen eines Bohemiens verachtet er die Spießbürger, „weil sie nichts für wahre Kunst übrig" (242) haben. Er sieht sich als Individualisten und behauptet, er „gehöre zu jener ‚unsichtbaren Loge' wahrer Geister, die sich über ihre Zeit erhoben haben" (244). Er verdammt jeden Kollektivismus und rezitiert Rilkes Gedicht *Einsamkeit*.

Verkappter Spießbürger

Gleichzeitig denkt er aber mit Wehmut an die Weihnachtsfeste im Haus seiner Mutter und „ob er nicht auch lieber ein Spießbürger geworden wäre mit einem Kind und einer rundlichen Frau" (242). Er besitzt zumindest etwas Empathie, denn er will Anna, die als Anfängerin zu ihm gekommen ist, um ihm Modell zu stehen, die Scham vor dem Ausziehen nehmen: „in Schweden badet alles ohne Trikot" (243).

Die Randfiguren

Diverse Vorurteile

Hinzu kommen **mehrere (meist namenlose) Herren im Zugabteil z. B. Thimoteus Bschorr (Ziegeleibesitzer) oder der Hotelier aus Partenkirchen**

Bei ihnen findet man exemplarisch alle Arten von Vorurteilen: Antisemitismus, Revisionismus, nationalistische Sprüche, autoritäres Denken; Arbeiter und linke Parteien werden als Feindbilder gesehen.

Typische Aussagen, die in den Gesprächen im Zugabteil fallen, sind:

- Thimoteus Bschorr: „Überhaupts muss Spanien recht drecket sein" (158).
- Der Hotelier: „Ein Deutscher soll sein ehrlich erworbenes Geld in diesen wirtschaftlich depressiven Zeiten unter keinen Umständen ins Ausland tragen" (158).
- Thimoteus Bschorr: „Des san do kane Minister, des san do lauter Preißen! (…) Lauter Lumpn sans! Wer geht denn zgrund? Der Mittelstand! Und wer kriegt des ganz Geld vom Mittelstand? Der Arbater" (159 f.).
- Der Hofrat: „Hoffentlich erlaubts mir unser Herrgott noch, dass ichs erleb, wie alle Sozis aufgehängt werden" (165).
- Mann aus dem Volk, Werkmeister und Heimwehrmitglied: „Die Judn werdn zu frech" (165).
- Albert Hausmann: Die italienischen Passbeamten „sind alles besonders hervorragende Detektive von der politischen Polizei in Rom" (169).
- Kultivierter Herr bzw. Renaissancemensch: „unsere deutschen Arbeiter wären glücklicher, wenn sie genügsam wären" (173) / „das konservative Element müsste sich international zusammenschließen" (174).
- Älterer Herr: „Jeder Franzose und jede Französin gehören vergast" (230).

Weiterhin treten noch einige **Randfiguren** auf, die hier nicht näher charakterisiert werden müssen:

- der Käsehändler Portschinger (132)
- Adam Maurer, „Sachverständiger" für Portschinger beim Autokauf (132)
- der ungarische Abgeordnete im Reisebüro (148)
- der Dolmetscher auf dem Bahnhof von Verona (174)
- die deutsche Prostituierte Irmgard in Marseille (205)
- Alfred Kaufmann, der Bräutigam von Rigmor aus den USA (227)
- ein älterer Herr im Bierlokal (270)

Zugehörigkeit zu einer sozialen Gruppe

Vgl. Lernskizze 1, s. S. 134 in dieser Erläuterung.

Anna Pollinger als zentrale und einzig tragische Figur

Begriff Tragik

Der Begriff der Tragik lässt sich folgendermaßen definieren: Wenn jemand unverschuldet in einen Konflikt gerät, den er nicht mehr lösen kann oder an dem er zugrunde geht. Wenn jemand durch einen Fehler (Unkenntnis, mangelnde Einsicht, falsche Einschätzung) in eine ausweglose Situation gerät und die wahren Zusammenhänge zu spät erkennt. Folgt man dieser Bestimmung, ist Anna die einzige tragische Figur in dem Roman. Die Personen um sie herum erleiden zwar auch Rückschläge oder schwierige Situationen, sind aber – vielleicht aufgrund ihrer „Dummheit" – nie in einer ausweglosen Lage.

Das folgende Schaubild zeigt, wie andere Personen ihren Beitrag zu der tragischen Entwicklung für Anna leisten.

3.4 Personenkonstellation und Charakteristiken

PERSONENKONSTELLATION

Herr Kastner empfiehlt ihr den „praktischen" Umgang mit ihrer Weiblichkeit.

Harry Priegler sieht sich als berechtigt an, von ihr sexuelle Dienste zu bekommen.

Graf Blanquez bezeichnet sie als „total verkommen".

Die **Tante von Anna** kündigt ihr die Wohnung.

Anna Pollinger

Der **Künstler Achner** nutzt sie als Aktmodell und sein Atelier als mögliche Kontaktbörse.

Eugen Reithofer ist von ihrem Nebenerwerb nicht begeistert, ringt sich aber zu einer Solidarität unter Arbeitslosen und „Mistviehern" durch.

Alfons Kobler sieht sie nur als verkommene Liebesdienerin.

3.5 Sachliche und sprachliche Erläuterungen

Da die dieser Erläuterung zugrunde liegende Textausgabe einen umfangreichen Anmerkungsapparat mit ausführlichen Wort- und Sacherklärungen aufweist, wird an dieser Stelle auf die Seiten (365–436) der Textausgabe verwiesen.

3.6 Stil und Sprache

Zusammenfassung

- In Horváths Roman liegt ein heterodiegetischer, allwissender Erzähler vor, der zu seinen Figuren in einem kritisch-ironischen Verhältnis steht.
- Es gibt wie in anderen Werken Horváths nicht *die* Sprache des Roman, sondern die verschiedenen Sprachen der Figuren; zudem wechseln sich ein hoher, mittlerer und dialektaler Ton ab.
- Der Autor bedient sich einer Komik der Entlarvung und Ironisierung seiner Charaktere.
- Der Satzbau orientiert sich an der gesprochenen Sprache.

Erzählweise

Vier Grundfragen

Bei dem Roman *Der ewige Spießer* handelt es sich um einen Erzähltext in Prosa. Es ist deshalb sinnvoll, die Rolle der Erzählinstanz als Vermittler zwischen Leser:in und erzählter Welt zu analysieren. Dabei helfen vier Grundfragen:

In welcher Form wird erzählt?
Im Fall von Horváths Roman liegt eine Er-Erzählform vor, denn der Erzähler hat keinen eigenen Körper, keine erkennbare Stimme, er ist am Geschehen nicht direkt beteiligt und berichtet auch nicht über eigene Erlebnisse.

Aus welcher Perspektive wird erzählt?
Der Erzähler ist eine „Figur" außerhalb der Handlung, man spricht von einem heterodiegetischen Erzähler, d. h., der Erzähler selbst ist kein Teil der erzählten Welt.

Was weiß die Erzählinstanz über die Figuren?

Innen- und Außensicht

In Horváths Roman vermischen sich Außensicht (externe Fokalisierung) und Innensicht (interne Fokalisierung); das heißt, der

Erzähler kann sich auch partiell in seine Figuren versetzen, ihre Gedanken nachvollziehen. So wechselt er z. B. im Gespräch zwischen Kobler und Schmitz im Zug zwischen den Innensichten beider Protagonisten, vgl. 183 f.: „Während dieser Pause dachte jeder über den anderen nach. Ich hab bisher eigentlich nur einen einzigen Mann der Feder gekannt, dachte Kobler (...)! / Und Schmitz dachte: Vielleicht war es sogar blöd von mir, dass ich mich dem gleich angeboten hab als Reisebegleiter. (...)" Dass es sich um einen auktorialen (allwissenden) Erzähler handelt, zeigt folgendes Beispiel, bei dem der Erzähler eine Aussage Koblers umgehend als Lüge entlarvt: „‚Ich hab noch nie was [gemeint ist eine Geschlechtskrankheit; d. V.] erwischt', meinte Kobler, und das war gelogen" (200). Weiteres Beispiel: „Doch lassen wir nun diese historisch-soziologische Skizze und kehren wir zurück in die Gegenwart, und zwar in die Schellingstraße" (S. 140).

Was weiß der Erzähler über die Geschichte?

Durch die chronologische Erzählweise bleibt unsicher, ob die Erzählinstanz bereits die ganze Geschichte kennt. Vorausdeutungen finden jedenfalls nicht statt, Rückblenden werden nur sehr sparsam eingesetzt. Aber viele kleine Textbeispiele verraten „den bewusst gestaltenden, allwissenden Erzähler, der über dem Geschehen steht, es überschaut und ordnet"[11]. Im Gegensatz dazu steht allerdings folgende Äußerung des Erzählers: „Wir werden darauf noch zurückkommen" (S. 196).

Wie gibt der Erzähler die Geschichte wieder?

Kritisch-ironisch

Als Darstellungsweisen finden sich in dem Roman der Erzählerbericht, die Figurenrede (wörtliche Rede) und teilweise auch die Form des inneren Monologs, d. h. die Darstellung der Gedanken einzelner Figuren. Die Erzählhaltung zu seinen Figuren ist keineswegs neutral, sondern kritisch kommentierend, teil-

11 Steets, S. 107.

weise in hohem Maße ironisch. Damit will der Erzähler auch eine Einflussnahme auf den Leser herstellen und diesen auf die „Dummheit" einzelner Figuren hinweisen. Als Beispiele für diese Erzählhaltung kann eine Szene im Zug herangezogen werden. Kobler verlässt zeitweise das Abteil: „Denn er konnte es drinnen nicht mehr aushalten, weil ihn das ewige Geschwätz im Denken störte" (S. 165). Allerdings ist sein eigenes Nachdenken höchst phrasenhaft, etwa wenn er sich die Frage stellt: „Was ist der Mensch neben einem Berg?" (166). Bei der Rückfahrt nach München trifft Kobler auf einen Fahrgast, von dem drastisch gesagt wird: „nun brach nationalistischer Schlamm aus seinem Maul hervor par excellence" (229).

Sprache

Sprachvielfalt

Wer Stil und Sprache bei Ödön von Horváth analysieren möchte, muss davon ausgehen, dass – wie auch in Horváths Dramen – unterschiedliche Sprachebenen und unterschiedliche Stilformen vorkommen. Es geht also weniger um *die* Sprache des Romans, sondern eher um die Sprache(n) einzelner Personen.

Peter Wapnewski diagnostiziert bei Horváth im Wesentlichen drei Sprachschichten:

Der „hohe Ton"

1. der „hohe Ton"

Damit ist gemeint „das pathetische Sprichwortgut, die sentimentfeuchte Maxime, der Talmi-Glitzer des fremdsprachigen Zitats"[12]. Diese Sprachebene dient der Zurschaustellung eines gewissen Bildungsniveaus, die Akteure operieren mit lateinischen Sprichwörtern, Zitaten von berühmten Schriftstellern, sie äußern sich scheinbar wissend zu religiösen und ethischen Fragen, zu Musik und Literatur. In *Der ewige Spießer* ist v. a. die Figur des Journalisten Rudolf Schmitz dafür ein Beispiel: „Bekanntlich ist halt jede

12 Wapnewski, S. 130.

Revolution ein pädagogisches Problem, aber auch die Pädagogik ist ein revolutionäres Problem Wie Sie sehen, ist das sehr kompliziert. Aber ist denn der Faschismus überhaupt eine Revolution? Aber keine Spur! Sacro egoismo und sonst nix!" (181 f.). Ein anderes Beispiel ist der Zahntechniker Kastner, der, als er bei seiner Zimmernachbarin Anna eintritt, zur Begrüßung sagt (und zwar, wie der Erzähler hinzufügt, mit einem „seltsam offizielle(n) Gesicht, als wollte er gar nichts von ihr": „‚Gnädiges Fräulein!', verbeugte er sich ironisch. ‚Honny soit qui mal y pense![13]'" (235) – nur um ihr daraufhin nahezulegen, zur Verbesserung ihrer Lebensverhältnisse künftig anschaffen zu gehen.

Der „mittlere Ton"

2. der „mittlere Ton", der die große Masse der gewechselten Worte ausmacht
Dies ist scheinbar eine geläufige Umgangstonart, in Wahrheit aber ein „gestelztes, artifizielles Reden von gequälter Selbstverständlichkeit", eben jene „uneigentliche Sprache", „jene „Sprache der Entfremdung"[14], die Horváth als Merkmal des Kleinbürgertums erkannt hat (z. B. der Gesprächsbeitrag eines Hoteliers im Zug: „Wir Deutsche sind eben einfach nicht fähig, kommerzielle Beziehungen zum Ausland ehrenvoll anzuknüpfen!", 159).

Diese beiden Sprachschichten bezeichnet Horváth als „Bildungsjargon", eine Sprache, die sich der „Versatzstücke aufgeschnappter, halbverstandener Sprachreservoirs"[15] bedient. Das heißt, die Figuren sind nicht fähig, zu ihrer eigenen individuellen Sprache zu finden, sie bewegen sich in einem „Zitier-Universum". Die Figuren treten auf und nehmen den Mund voll mit Vorgekautem, schon Gesagtem. Sie können durchaus eine Ahnung davon haben, was für sinnloses Zeug sie reden; dass sie es trotzdem tun, macht so etwas wie verbale, ja seelische Hochstapelei daraus.

---

13 Altfrz. „Beschämt sei, wer schlecht darüber denkt."
14 Ebd., S. 131.
15 Balme, S. 43.

Sie benutzen eine Phraseologie, d. h. klischeehaftes Sprachmaterial zur Überdeckung einer inneren Leere, einer Perspektivlosigkeit.

Rückfall in Mundart

3. der Rückfall in die Mundart, in die Heimat des Sprechenden, in den Dialekt[16]
Horváth selbst hat einmal erklärt, dass seine literarischen Werke mehr oder minder vom bayerischen oder österreichischen Dialekt geprägt sind (z. B. gleich zu Romanbeginn: „Jessas Mariandjosef! [...] Seit wann rauchens denn welche zu acht, Herr Kobler?", 131).

Sprachliche Mittel

Entlarvung durch Komik und Groteske

Die beiden hauptsächlich benutzten Stilmittel sind zum einen die Komik als Entlarvung und die Ironisierung von Charakteren. Komik bedeutet jedoch keineswegs unbefangene Heiterkeit, sondern eher befangenes Lachen über das Groteske mancher Situationen oder Dialoge. Ironisiert werden zahlreiche Personen, die praktisch als Karikatur gezeichnet werden; eben jene Spießer und Kleinbürger, zu denen Alfons Kobler und viele seiner „Mitspieler" gehören. Besonders kritisch porträtiert Horváth die Sprache dieser gesellschaftlichen Großgruppe, bei der halb verstandene Bildungsreste, Floskeln und kommunikative Leerformeln ausgetauscht werden.

Beispiel: „Sie fuhren durch Arles. ‚Hier malte van Gogh', erzählte Schmitz. ‚Wer war das?', fragte Kobler. ‚Ein großer Maler war das', antwortete Schmitz und sperrte sich traurig ins Klosett. ‚Hoffentlich werd ich jetzt endlich was machen können', murmelte er vor sich hin, aber bald musste er einsehen, dass er vergebens gehofft hatte. ‚Also das ist schon ein fürchterlicher Idiot!', konstatierte er wütend. ‚Jetzt kennt der nicht mal

---

16 Vgl. Wapnewski, S. 131.

meinen geliebten van Gogh! Jetzt probier ichs aber nochmal!" (205 f.).

Einfachheit der Mittel

Auf der Ebene der Wortwahl fällt in dem Roman auf: die Einfachheit der lexikalischen Mittel, die häufige Verwendung von Hilfs- oder Modalverben, die Beschränkung auf eher blasse Adjektive, der Gebrauch des umgangssprachlichen Wörtchens „halt" (z. B. „Es dreht sich halt alles um Geld", 241), die Häufung von Füllwörtern wie „mal", „nun mal", „doch" sowie die Tendenz zur Umschreibung. Beispiele:

- Rudolf Schmitz: „Das ist **halt** hier ein pädagogischer Umsturz. Bekanntlich ist **halt** jede Revolution ein pädagogisches Problem" (181).
- Alfons Kobler: „Also ich persönlich **halt** nicht viel von den Revolutionen (...) Ich hätt zwar wirklich nichts dagegen, wenn es jedem besser ging, aber ich glaub **halt**, dass die revolutionären Führer keine Kaufleut sind, sie haben keinen kaufmännischen Verstand" (182).
- Harry Priegler: „Es **halt** nicht das richtige" (253).

Orientierung am Mündlichen

Der Satzbau in Horváths Roman ist gekennzeichnet durch eine grundsätzliche Orientierung an der gesprochenen Sprache, durch eine sparsame Verwendung von Ellipse und Anakoluth, durch subjektive Herausstellungen, sprachliche Voranstellungen und Nachträge in der mündlichen Rede. Dabei erlaubt sich der Autor eine Bevorzugung der Parataxe mit dem Wörtchen „und" als häufig verwendeter Konjunktion. Insgesamt kann festgestellt werden, dass der „Eindruck des Spontanen und Unkonventionellen (...) für Horváth charakteristisch"[17] ist.

17 Steets, S. 118.

3.7 Interpretationsansätze

Zusammenfassung

- Bei einer Deutung von Horváths Roman erweist sich die Annäherung an die Geschichte des Begriffs „Spießer" in Kultur und Literatur von der Romantik bis heute als hilfreich.
- Die Reise der Hauptfigur von München nach Barcelona ist vor dem Hintergrund des Konzepts klassischer Bildungsreisen als Satire erkennbar.
- ***Der ewige Spießer* lässt sich auch als Reflexion über „Dummheit" verstehen.**
- Horváths Roman bietet ein Panorama des deutschen Mittelstands während der Weltwirtschaftskrise.
- Während es in Horváths Werken sowohl männlich wie weibliche Spießer-Figuren gibt, gibt es doch eine wiederkehrende weibliche Figur, die diesen Mentalitätsrahmen überschreitet: das junge Fräulein, die ein tragisches Opfer der Zustände wird und sich aufgrund der gesellschaftlichen Verhältnisse zur Existenzsicherung prostituieren muss.

Der Spießer: Annäherungen an einen (zeitlosen?) Typus

Engstirniger Mensch

Da der von Horváth im Titel genannte Begriff des Spießers heute nicht mehr jedem zugänglich ist, erscheint es sinnvoll, zunächst einmal im Duden nachzuschlagen. Dort finden wir an erster Stelle den Begriff **„Spießbürger"** als „engstirnige männliche Person, die sich an den Konventionen der Gesellschaft und dem Urteil der anderen orientiert"[18]. Als gleichbedeutend, jedoch umgangssprachlich und abwertend wird das Substantiv **„Spießer"** gesehen.

Historische Herleitung

Die historische Herleitung bietet ein Etymologisches Lexikon, etwa das von Friedrich Kluge (Berlin 1960). Dort wird erklärt, dass die Bürger der neu gegründeten Städte ab dem 11. Jahrhundert ihre Wohnorte mit Spießen verteidigten. Durch den Fortschritt

18 *Duden Band 1. Die deutsche Rechtschreibung.* Berlin: Dudenverlag, 28. völlig neu bearbeitete und erweiterte Auflage, 2020, S. 1067.

der Feuerwaffen waren diese Spieße aber irgendwann nicht mehr zeitgemäß, und die Bezeichnung „Spießbürger" erhielt von da an eine abschätzige Bedeutung. Er wurde zu einem Spottnamen für rückständige Menschen, besonders auf geistigem Gebiet.

Alter und neuer Spießer

Ödön von Horváth hat im Vorwort des Romans seine **eigene Definition** mitgeliefert:

> „Der Spießer ist bekanntlich ein hypochondrischer Egoist, und so trachtet er danach, sich überall feige anzupassen und jede neue Formulierung der Idee zu verfälschen, indem er sie sich aneignet." (129)

Der Autor fügt also der landläufigen Bedeutung noch drei weitere Aspekte hinzu: Ein Spießer sei demnach ein **Hypochonder, Egoist sowie Opportunist**. Außerdem ergänzt Horváth auch noch eine historische Entwicklung des Spießertums. Er redet von einem alten Typ des Spießers und meint damit wohl den Typus des 19. Jahrhunderts. Der neue Typ des Spießers sei erst im Werden, er habe sich noch nicht herauskristallisiert (vgl. 129). Diesen „werdenden Spießer" der ersten Hälfte des 20. Jahrhunderts – geprägt durch diverse gesellschaftliche Modernisierungsprozesse und Umbrüche – will er mit seinem Roman charakterisieren und natürlich kritisieren. Ob das die Entwicklung dieses Typus und damit die negative Entwicklung der Gesellschaft bremsen wird, bleibt aus seiner Sicht dahingestellt – „jedoch immerhin" (129).

Grosz' *Spießer-Spiegel*

Schon fünf Jahre vor dem Erscheinen von Horváths Roman veröffentlichte der Berliner Künstler **George Grosz** (1893–1959) eine Mappe mit 60 Zeichnungen unter dem Titel *Der Spießer-Spiegel*. Im Vorwort bezeichnet der Schriftsteller Walter Mehring (1896–1981), selbst ein Satiriker, den Karikaturisten Grosz als „Spießerbiologen", der durch jahrelange, unermüdliche Beobachtungen diesen Typus studiert und durchschaut habe. Mit der Treffsicherheit des weidgerechten Jägermannes und mit der Exaktheit des wissenschaftlichen Konservators habe er historische

George Grosz, *Stützen der Gesellschaft*, 1926 © picture alliance / Photoshot | -

Dokumente geschaffen: „Manche Spießertypen sterben nämlich aus, wie z. B. der Lodenmantelspießer und der heute schon sehr gesuchte Rauschebart". Bald werde man Ausstellungen besuchen, um die Abbildungen des Spießer-Zeitgenossen zu besichtigen: Man sieht ihn dann mit verrutschter Hinterpartie, zerknautschter Zigarre und Bügelfalte „beim Bechern und Prassen, in galanter Umarmung und in tollkühner Schiebung, breit in den Klubsessel gepatscht, kümmerlich auf die Sofarolle gehockt, wandernd durch Gottes freibleibende Natur, auf Raubzügen durch die einsame Pleitewüste"[19].

19 Grosz, S. XV f.

Zeitloses Phänomen

Warum aber spricht Horváth im Romantitel vom **„ewigen" Spießer**? Offensichtlich will der Autor damit ausdrücken, dass der Typus des Spießers ein nahezu zeitloses Phänomen darstellt. Er nutzt dabei eine Sprechweise, die bei den Begriffen „ewiger Jude" oder „ewiger Stenz" ebenfalls verwendet wird. Die Figur des „Ewigen (wandernden) Juden (Ahasver)" entstammt christlichen Volkssagen des 16. Jahrhunderts und wurde im modernen Antisemitismus des 20. Jahrhunderts und speziell von der nationalsozialistischen Propaganda aufgegriffen. Der „ewige Stenz" dagegen ist eine Art Dauerjugendlicher und Möchtegern-Casanova; in einer Serie des Bayerischen Fernsehens aus dem Jahr 1983 wurde er mit der Hauptfigur des Monaco Franze (gespielt von Helmut Fischer) zur Kultfigur. Der Co-Drehbuchautor Patrick Süskind erläuterte den Typus folgendermaßen:

Monaco Franze – Der ewige Stenz

> „Während der Matscho seine erotischen Ziele mit tierischem Ernst verfolgt und dabei den Einsatz brutalster Machtmittel nicht scheut, sieht der Stenz sein Verhältnis zu den Frauen unter spielerisch-sportlichem Aspekt. Nicht der Erfolg ist ihm das Wichtigste, sondern der Weg dahin; nicht der Besitz, sondern die Verführung. Der Matscho ist ein despotischer Machtmensch, der die Welt – und die Frau nur als Teil der Welt! – verachtet und unterwerfen will. Für den Stenz hingegen ist das Weibliche die Welt schlechthin, in die er sich als homo ludens zu versenken sucht. Je größer diese Welt ist, je freier sie sich entfaltet und in Erscheinung tritt, desto wohler fühlt sich der Stenz. Dem Stenz ist alles provinziell Derbe ein Gräuel. Er liebt das Urbane. Er braucht die anregende Vielfalt der Erscheinungen, die spielerische Unverbindlichkeit im zwischenmenschlichen Verkehr. Mit einem Wort: Der Stenz ist der zivilisierte Mann des Volkes. Er hat Stil."[20]

3.7 Interpretationsansätze

Meyrinks *Des deutschen Spießers Wunderhorn*

Texte abrufbar unter

Der österreichische Schriftsteller **Gustav Meyrink** (1868–1932, *Der Golem*, 1915) veröffentlichte 1913 in drei Bänden *Des deutschen Spießers Wunderhorn. Gesammelte Novellen.* Darin versammelte er 53 frühe Texte, auf die der Gattungsbegriff „Novelle" aber kaum zutrifft. Bei den zwischen zwei und 18 Seiten langen Texten handelt es sich eher um Satiren, kurze Erzählungen, in denen sich der Autor mit einem unverkennbaren Sarkasmus über „das Törichte" lustig macht, gleichzeitig aber auch seine Neigung zum Okkulten, Magischen einbringt. Das Törichte findet er bei verschiedenen Gruppen der wilhelminischen Gesellschaft sowie der k. und k.-Gesellschaft in Österreich-Ungarn. Bei Offizieren, Polizisten, Richtern und Ärzten entdeckt Meyrink allerlei kleinbürgerliche Marotten, Doppelmoral, Heimatkitsch sowie esoterische Leichtgläubigkeit und Neigung zum Spiritismus.

Die Erstveröffentlichungen dieser Satiren fanden vor allem in der Zeitschrift „Simplicissimus" in den Jahren 1900 bis 1909 statt. Diese 1896 gegründete Zeitschrift benannte schon in einer der ersten Ausgaben ihre satirische Zielrichtung; unter einer Illustration von Josef Benedikt Engel wurde die Parole gedruckt: „Unsern Feinden: Dummheit, Misanthropie, Prüderie, Frömmelei"[21]. Im Albert Langen Verlag erschien dann Meyrinks Sammelband mit dem programmatischen Titel *Des deutschen Spießers Wunderhorn.* Damit wird Meyrink in eine Tradition der Kritik des Kleinbürgertums eingereiht, die mit ihm Heinrich Heine, Kurt Tucholsky, Ödön von Horváth und Bertolt Brecht betrieben haben. Die kritische Perspektive dieser Autoren auf Nationalismus, Faschismus, Klerikalismus, Kapitalismus und bürgerliche Doppelmoral wird man bei Meyrink jedoch nur in wenigen Texten finden. Interessante Beispiele in dieser Richtung stellen die Satiren *Das Automobil, Schöpsglobin, Dr. Lederer, Das ganze Sein ist flammend Leid* und *Das verdunstete Gehirn* dar.

20 https://www.br.de/br-fernsehen/sendungen/monaco-franze/monaco-franze-stenz100.html (Stand: März 2023).

21 Simplicissimus, Ausgabe 6 vom 9. 5. 1896, Seite 5.

„Philister" und „Biedermänner"

Der Blick ins Lexikon verrät uns aber auch, welche Synonyme mit dem Substantiv „Spießer" verbunden sind: Es ist die Rede vom **Philister**, vom **Biedermann** und vom **Kleinbürger,** kurz: vom Feindbild der Romantiker. Schon **Clemens Brentano** (1778–1842) verwendete bei einer Tischrede 1811 in abschätziger Form den Begriff Philister. Er kennzeichnet ihn als trägen, bequemen Menschen mit einem sehr engen Gesichtskreis. Erkennungsmerkmale sind seine baumwollene Schlafmütze, sein Schlafrock, seine Pantoffeln und seine langrohrige Tabakspfeife, die er gerne auf einem Bänkchen vor seinem kleinen Hause raucht.[22] Kurzzeitig hat sogar der Taugenichts, die Hauptperson aus **Joseph von Eichendorffs** (1788–1857) gleichnamiger Erzählung, Gefallen an dieser Lebensweise. Als Zolleinnehmer erachtet er das vornehme Leben als recht kommode und fasst – für einen gewissen Zeitraum – den Entschluss, „nunmehr alles Reisen zu lassen, auch Geld zu sparen wie die anderen und es mit der Zeit gewiss zu etwas Großem in der Welt zu bringen"[23].

Frischs *Biedermann und die Brandstifter*

Als **Biedermann** – verbunden mit der Epochenbezeichnung des Biedermeier (1815– 1848) – bezeichnet man jemanden, der bieder, brav, oft übertrieben anständig und loyal ist. Die Formulierung dient als Bezeichnung für einen Menschen, der von sich selbst eine hohe Meinung hat, diesen Ansprüchen aber letztlich nicht genügt, sondern eine Doppelmoral lebt. In **Max Frischs** (1911–1991) Theaterstück *Biedermann und die Brandstifter* (uraufgeführt 1958) wird diesem Typus eine Schuld für die Verharmlosung des Nationalsozialismus und des Faschismus zugesprochen. Der Haarwasserproduzent Gottlieb Biedermann beherbergt zwei Hausierer und will trotz zahlreicher Indizien nicht wahrhaben, dass diese sein Haus in Brand stecken wer-

Biedermann und die Brandstifter (1963)

22 Vgl. Brentano, Clemens: *Der Philister, vor, in und nach der Geschichte. Gehalten als Tischrede im März 1811 in der „Christlich-Theutschen Tischgesellschaft" in Berlin*. In: ders.: Werke, Bd. 2. Hrsg. v. Wolfgang Frühwald und Friedhelm Kemp. München: Carl Hanser Verlag, 1980, S. 959–1016 sowie 1209.

23 Eichendorff, Joseph von: *Aus dem Leben eines Taugenichts*. In: ders.: Ausgewählte Werke, Band 2. Hrsg. v. Hans A. Neunzig. München 1987, S. 68.

den. In der Lektürehilfe des Bange-Verlags heißt es über die Hauptperson **Gottlieb Biedermann:**

> Er „wird durch seinen Namen charakterisiert; verfügt über einen eher bescheidenen intellektuellen Horizont, ist spießigbürgerlich, aber zugleich ein rücksichtsloser Geschäftsmann; unter der Maske der Wohlanständigkeit und Jovialität ist ein Kern von Brutalität und Aggressivität verborgen; ist empfänglich für Schmeicheleien; aus Opportunismus und Feigheit geht er einer Auseinandersetzung mit den Brandstiftern aus dem Weg und kleidet sein Verhalten in Phrasen“[24]

Die Verlogenheit Biedermanns richtet sich nicht einzig nach außen, sondern vor allem auch gegen ihn selbst und begründet seine feig-ängstliche, sich geistig zurechtbiegende und verdrängende Mentalität, „dass nicht sein kann, was nicht sein darf“.

„Kleinbürger“

Auch der Begriff **Kleinbürger** wird normalerweise abwertend verwendet. Er bezeichnete in der vor- und frühindustriellen Gesellschaft den Teil der Stadt-Bevölkerung, der gegenüber dem Groß-Bürgertum nur über geringen Besitz und Bildungsstand und dementsprechend über wenig Aufstiegschancen und politischen Einfluss verfügte. Heute – so eine Definition des Brockhaus – meint man damit eine Gruppe von Menschen, „die einen mit Kleinbesitz und Halbbildung verbundenen Lebensstil pflegen, ein auf Wahrung privater Besitzinteressen gerichtetes konservatives Bewusstsein entwickeln, soziale Reformen in ihrer Gesellschaft fürchten und daher zu Vorurteilen und Denken in Stereotypen neigen“.[25]

In teilweise ironischer Absicht widersprach **Hans Magnus Enzensberger** (1929–2022) einigen dieser Behauptungen in einem

---

24 Bernd Matzkowski: *Textanalyse und Interpretation zu Max Frisch – „Biedermann und die Brandstifter“*. Hollfeld: C. Bange Verlag, 5. Aufl. 2023, S. 9 (Königs Erläuterungen, Band 352).

25 Brockhaus Lexikon, Mannheim 1990, Bd. 12, S. 67.

Aufsatz im *Kursbuch* 45 (1976). Diese gesellschaftliche Gruppe sei – entgegen marxistischer Vorhersagen vom dominanten Antagonismus Bourgeoisie versus Proletariat – voller Überlebenskraft und habe sogar eine Form von kultureller Hegemonie errungen. Die Kleinbürger seien zu einer „vorbildlichen" Klasse geworden, die im massenhaften Maßstab die Lebensformen des Alltags (von Freizeithemd über den Hobbyraum bis zur Polstergarnitur) produzierten.[26] Damit bestätigt Enzensberger die Horváth'sche These, dass fast 90 Prozent aller Menschen zum Mittelstand gehören, und stützt mit dialektischem Hintersinn die Bestandsaufnahme des Soziologen Helmut Schelsky (1912–1984) aus dem Jahre 1953, die Bundesrepublik Deutschland sei eine „nivellierte Mittelstandsgesellschaft".

Seeßlen: *Wir Kleinbürger*

Dieser Diagnose hat **Georg Seeßlen** ein knappes halbes Jahrhundert nach Enzensberger in seiner taz-Kolumne *Wir Kleinbürger* teilweise widersprochen. Im Zeichen neoliberaler Tendenzen nach der Jahrtausendwende sei das Versprechen der progressiven Verkleinbürgerlichung geschwunden, an seine Stelle sei hingegen „die Drohung der Abstiege und Ausschlüsse getreten"[27]. Der Abstieg des Kleinbürgertums finde auf drei Ebenen statt: durch Prekarisierung, d. h. durch ein Absinken ins neue „Dienstleistungsproletariat", durch Automatisierung und durch den Verlust der kulturellen Hegemonie. Was bei Horváth der „werdende Spießer" der ersten Hälfte des 20. Jahrhunderts war, ist bei Seeßlen nun der abgesunkene Kleinbürger des 21. Jahrhunderts. Dieser oft auch als **Wutbürger** anzutreffende Typus habe ein unerschütterliches Gefühl seiner moralischen Überlegenheit: „Ich bin nicht reich, ich bin nicht mächtig, aber dafür habe ich immer recht"[28].

Hermann Glaser: *Spießer-Ideologie*

Die wohl schärfste kritische Auseinandersetzung mit dem Typus des Spießers im 19. und 20. Jahrhundert stammt von dem

26 Vgl. Enzensberger, *Von der Unaufhaltsamkeit des Kleinbürgertums.*
27 Seeßlen: *Wir Kleinbürger. Klassenfragen und Macht.* In: taz, 20.1.2021.
28 Ebd.

Sozial- und Kulturwissenschaftler **Hermann Glaser** (1928–2018). In seinem 1964 erschienenen Buch mit dem Titel ***Spießer-Ideologie*** stellt der ehemalige Kulturreferent der Stadt Nürnberg die These auf, die Zerstörung des deutschen Geistes ab der ersten Hälfte des 19. Jahrhunderts sei ursächlich für den Aufstieg des Nationalsozialismus; die nationalsozialistische Weltanschauung sei der Gipfelpunkt jener „Spießer-Ideologie".

Hitler als Spießer

In der Einleitung definiert Glaser das geistig-seelische Verhalten des Kleinbürgers: medioker, provinziell, fanatisch, brutal, engstirnig, ressentimentgeladen, aber auch scheinbar „‚feinsinnig' und ‚innerlich'"[29]. Adolf Hitler selbst war für Glaser ein Kleinbürger, seine Propagandaschrift *Mein Kampf* (1925) war eine Art „Spießers Wunderhorn (...): abgründige Gemeinheiten, kleinbürgerlicher Wortquark, in schiefe Metaphern geschlagene Ressentiments, endlose Tiraden, rhetorisch aufgeschminkte Plattitüden und eine penetrante ‚Kunstsinnigkeit'"[30]. Manchmal möchte man meinen, Hermann Glaser wäre schon 1929 als Zuhörer in den Zugabteilen zwischen München und Barcelona gesessen!

An mehreren Aspekten erläutert Glaser die Merkmale dieser Spießer-Ideologie:

Merkmale der Spießer-Ideologie

- Ein falsch verstandener Leibeskult („mens sana in corpore sano") postuliert Leere in selbstgefälliger Form, führt zu Ablehnung und Ausmerzung des „hässlichen" Körpers und zur Propagierung von Sauberkeit und Reinheit.
- Die spießbürgerliche Mentalität des biedermeierlichen Menschen führt in die philiströse Enge der „Gartenlaube": deutscher Kitsch mit Butzenscheiben, dicken Vorhängen und Gartenzwergen.
- Evident ist der männliche Selbstbetrug zwischen Gang ins Bordell und der Rückkehr ins eheliche Schlafgemach, zwischen dem Dienst im Konzentrationslager und dem häuslichen Blumenparadies.

29 Glaser, S. 22.
30 Ebd., S. 27.

- Die Errungenschaften des aufklärerischen Denkens werden von Spießern als Dekadenz diskreditiert, unpolitisches Ressentiment ersetzt das Argument, Rationalität wird durch den Mythos der Rasse, des Blutes und der Nation abgelöst.
- Konservativismus unterstützt Servilität, autoritäres Verhalten und Untertanengesinnung; das Ideal ist eine ständisch gegliedert Gesellschaft mit Eliten; schließlich mündet die männerbündische Führerschaft direkt in die germanischen Führer-„Demokratie".
- Der Kleinbürger ist im Kern asozial, sein Bild der Frau ist geprägt von Entwürdigung und Verdummung.
- Die Leitbilder des jungen Mannes sind „heldische Figuren", seine Freizeit verbringt er in der paramilitärischen Horden-Romantik der Jugendbewegung und in den autoritären Ritualen der studentischen Korporationen.
- Antisemitismus mit dem Juden als Sündenbock ist ein wesentlicher Baustein dieser brutalen und bornierten Weltanschauung.

Zum Abschluss stellt Glaser noch die interessante Frage, ob sich die Bundesrepublik Deutschland nach 1949 von dieser verhängnisvollen Spießer-Ideologie befreit hat. Seine Antwort ist geteilt: einerseits ja, denn man sehe Konturen einer sittlichen und zivilisatorischen Renaissance; andererseits nein, denn manche Wesenszüge des deutschen Spießertums hätten sich in alter Frische erhalten.

„Bildungsreise" eines Ungebildeten

Goethes *Italienische Reise*

Die Ziele klassischer Bildungsreisen waren Italien und Griechenland, die Motive waren die Auseinandersetzung mit den Wurzeln der europäischen Kultur und die Bewunderung von Kunstwerken aus antiken Hochkulturen. Dokumentiertes Musterbeispiel einer solchen Unternehmung ist **Johann Wolfgang von Goethes**

(1749–1832) *Italienische Reise* (1816) in den Jahren 1786–1788. Inkognito und überwiegend mit einer Postkutsche hat er das Land erfahren, seine Eindrücke hat er in Reisetagebüchern festgehalten, die dann 1817 veröffentlicht wurden. Dabei erwähnt der Verfasser auch einige Stationen, die bei der Reise von Alfons Kobler eine Rolle spielen: München, Mittenwald, Innsbruck, Brenner, Bozen, Verona, Venedig.

Seumes *Spaziergang nach Syrakus*

Im Dezember 1801 ist der Schriftsteller **Johann Gottfried Seume** (1763–1810) in Grimma bei Leipzig zu einem „Spaziergang nach Syrakus" aufgebrochen. Nach knapp fünf Monaten war er am Ziel angekommen, hatte allerdings nicht alle Streckenabschnitte zu Fuß bewältigt. Sein Reisebericht *Spaziergang nach Syrakus im Jahre 1802* wurde 1803 gedruckt. Dabei waren ihm allerdings die zeitgenössische Politik und Kultur und vor allem die Menschen, denen er unterwegs begegnet ist, wichtiger als jede Bildungsschwärmerei.

F. C. Delius' *Spaziergang*

Direkt an dieses Projekt knüpfte der ostdeutsche Autor **Friedrich C. Delius** (1943–2022) mit seiner Erzählung *Der Spaziergang von Rostock nach Syracus* (1995) an. Er erzählt von dem in der DDR lebenden Kellner Paul Gompitz, der auf den Spuren von Seume nach Syracus wandern will, jedoch keine Ausreisegenehmigung bekommt. Es gelingt ihm aber 1988 – kurz vor der Wende – eine Flucht mit einem Segelboot von der Insel Hiddensee. Nun kann er tatsächlich die Wanderung starten, aus Zeitgründen nimmt er jedoch immer wieder Fernreisezüge. Hier mischt sich die Bildungsreise mit einer aktuellen Fluchtgeschichte vor dem Hintergrund der deutschen Teilung.

Stan Nadolnys *Netzkarte*

Von **Sten Nadolny** (geb. 1942) stammt der Roman *Netzkarte* (1981). Darin sammelt er die Reisenotizen eines gewissen Ole Reuter, der vier Jahre lang relativ ziellos mit einer Netzkarte der Deutschen Bahn unterwegs ist. Ein bisschen erinnert dieser Ole Reuter an den Taugenichts von Eichendorff, weil er sich vom Moment treiben lässt und manches dem Zufall überlässt.

Koblers Bildungsreise als Satire

Wie lässt sich nun die **Reise von Alfons Kobler von München nach Barcelona** in dieses Spektrum einordnen? Michael Schneider sagt zurecht, es handle sich um „eine bitterböse Kleinbürgersatire auf die klassische Bildungsreise"[31]. Für den Kulturbanausen Kobler ist es eher eine Geschäftsreise, in der Hoffnung auf Gewinn und geprägt von seinem (wenig seriösen) kaufmännischen Weltbild: Man könne sich bei einer solchen Reise „mit den Verkaufsmethoden des Auslands vertraut machen" (145). Der andere nützliche Aspekt einer solchen Reise ist für Horváths Protagonisten ein eventueller lukrativer Junggesellen-Abschied, also das Kennenlernen einer wohlhabenden Frau. An der attraktiven Unternehmer-Tochter Rigmor Erichsen will er dieses Ziel erproben, scheitert aber an dem Umstand, dass diese schon einem reichen Amerikaner versprochen ist. Welche geringe Rolle die Kultur in fremden Städten spielt, zeigt der kurze Aufenthalt in Marseille: Wichtiger als die Besichtigung dieser schillernden, geschichtsträchtigen Hafenstadt ist die Erkundung des örtlichen Rotlichtviertels sowie ein Bordellbesuch. Koblers Reise versinnbildlicht also „die Eroberung des Planeten durch den modernen Spießbürger"[32].

Kleine Geschichte der Dummheit von 1930 bis zur Gegenwart

Die Unendlichkeit der Dummheit

Ödön von Horváth hat seinem Volksstück *Geschichten aus dem Wiener Wald* (1931) ein deutliches Motto vorangestellt: „Nichts gibt so sehr das Gefühl der Unendlichkeit als wie die Dummheit"[33]. Diese Aussage erinnert sehr an die Albert Einstein zugeschriebene Bemerkung, dass es etwas gebe, das so unendlich sei wie das Universum: die menschliche Dummheit. Es stellt sich auch nach der Lektüre des Romans *Der ewige Spießer* die Frage,

31 Schneider, *Eine Tragödie der Dummheit*, S. 237.
32 Müller-Funk, S. 64.
33 Horváth, *Geschichten aus dem Wiener Wald*, S. 5.

welche Art von Dummheit Horváth (und wohl auch Einstein) meinten.[34]

Willentliche Ignoranz

Der Literaturwissenschaftler Wilhelm Emrich kommt zu dem Schluss, dass die von Horváth apostrophierte Dummheit weniger ein intellektuelles Defizit, sondern eher ein Instrument des Bewusstseins ist, „mit dessen Hilfe es sich allen Kalamitäten, unbequemen Konflikten und harten Selbsterkenntnisprozessen zu entziehen versucht". So entsteht durch „willentliche Ignoranz, bewusstes Ignorieren von Fakten" ein Gefühl der Unendlichkeit, „d. h. der euphorischen Selbstbestätigung, Macht, Freiheit und ungetrübten Gewissheit, im Recht zu sein"[35]. Die Dummheit von Horváths Personal entlarvt sich in floskelhafter Sprache, in Verwechslungen, unreflektierten Aussagen und in mangelnder Konsequenz.

Beispiele im Roman

Beispiele dafür findet man an zahlreichen Stellen im Roman:

- die Dummheit (oder Naivität) des Herrn Portschinger beim Kauf des Kabrioletts (133 f.),
- die Unwissenheit (Beschränktheit) der Frau Perzl bei der Analyse ihrer sozialen Stellung (139),
- der Selbstbetrug des Grafen Blanquez, er habe ein Spielsystem, bei dem man wahrscheinlich gewinnen muss (143),
- das sehr lückenhafte Allgemeinwissen des Alfons Kobler (z. B. beim Namen „van Gogh", 205),
- das ewige „Geschwätz" und die „Blödheit" der Mitreisenden im Zugabteil (vgl. 165, 178, 183, 230) – jedenfalls aus der Sicht von Kobler,
- die Selbstkritik von Schmitz, es sei vielleicht „blöd", dass er sich als Reisebegleiter angeboten habe (184),

---

34 Hier wäre auch an die *Rede über die Dummheit* (1937) des österreichischen Schriftstellers Robert Musil zu erinnern.

35 Emrich, S. 187.

- die oft diagnostizierte Blödheit der Deutschen, weil sie sich von anderen Nationen betrügen ließen (218) – diese Aussage ist jedoch eine Folge von Unreflektiertheit und Dummheit von Horváths Hauptfigur Kobler.

Haders Definition

Aus Anlass der sogenannte „Ibiza-Affäre" (2019) hat der österreichische Kabarettist **Josef Hader** (geb. 1962) seine Definition von Dummheit niedergeschrieben. In einer Analyse des Verhaltens des FPÖ-Politikers H. C. Strache, der von einer fiktiven russischen Oligarchin in eine Luxusvilla auf Ibiza eingeladen worden war und dort entlarvende Aussagen über sein Demokratieverständnis getätigt hatte, schreibt Hader:

> „Es gibt tatsächlich eine große, weltumspannende Macht, die jeden von uns fest im Griff hat. (...) Sie heißt Dummheit. (...) Dummheit ist viel mächtiger als zum Beispiel Gier, Skrupellosigkeit, Machtstreben und andere schlechte Eigenschaften, die für die Erklärung menschengemachter Katastrophen gerne herangezogen werden. Diktatoren, Religionsführer und Wirtschaftsbosse wären ziemlich erfolglos ohne die Dummheit derer, die begeistert mitmarschieren, jeden Unsinn glauben (...). Ohne die große allumfassende Dummheit wären böse Menschen ein individuelles Problem und bekämen keine Gelegenheit, erfolgreiche Massenmörder zu werden"[36].

Kastners Definition

In der Gegenwart gilt das Substantiv „Dummheit" als nicht politisch korrekt, dennoch hat die österreichische Psychologin **Heidi Kastner** nun ein ganzes Buch über dieses ebenso zeitlose wie aktuelle Phänomen geschrieben.[37] In einem Interview mit der Süddeutschen Zeitung[38] gibt sie zu dem Thema einige Erläute-

36 Hader, Josef: *Herr Strache und die Weltgeschichte*. In: Süddeutsche Zeitung vom 27. 5. 2019, S. 12.

37 Kastner, Heidi: *Dummheit*. Wien: Kremayr & Scheriau, 2021.

38 Heidi Kastner über Dummheit (Interview: Nadja Pastega). In: Süddeutsche Zeitung vom 20./21. 11. 2021, S. 60.

rungen, auch vor dem Hintergrund aktueller Debatte, etwa um die Corona-Impfung:

- Heidi Kastners Definition für Dummheit: „Es ist die Tendenz, Fakten zu ignorieren. Und im Sinne des kurzfristigen, unmittelbaren und scheinbaren Vorteils langfristige Folgen für sich und andere zu ignorieren. (...) Dumme Menschen verstehen sich nicht als Teil eines Gefüges, für sie kommen immer nur die eigenen Belange an erster Stelle. (...) Als dumm muss man sicher jene bezeichnen, die mit gefühlten Wahrheiten oder Intuitionen daherkommen und dann sagen, die Intuition sei eine wesentliche Erkenntnisquelle“[39].
- Beispiel für Dummheit: „Da reisen Leute in exotische Länder in die Ferien und lassen sich Impfungen verabreichen, die durchaus mit Nebenwirkungen behaftet sind. Da denkt dann keiner daran, dass zum Beispiel die gängige Hepatitis-B-Impfung vor ihrer breit ausgerollten Anwendung an einem Bruchteil der Zahl von Personen getestet wurde, an denen aktuell die Covid-Impfungen überprüft wurden. Kein Mensch, der jetzt herumweint und gegen die Covid-Impfung wettert, hat sich kundig gemacht, auf welchen wissenschaftlichen Grundlagen die übrigen Impfungen beruhen, die er längst bekommen hat.“[40]
- Umgang mit „dummen“ Menschen: „Dialogbereitschaft ist zwar prinzipiell zu befürworten und eine gute Sache. Allerdings nur, wenn sie auf beiden Seiten vorhanden ist. (...) Aber man darf dummen Leuten nicht zu viel Raum und vor allem nicht zu viel Macht geben, sonst kann es gefährlich werden. Wenn sie sich selber schaden, ist das

39 Ebd.
40 Ebd.

> in einer freien Gesellschaft legitim. Aber wenn sie anderen schaden, ist das ein Thema, das man nicht mehr einfach völlig cool und gelassen hinnehmen kann."[41]

Horváths Roman als Panorama des Mittelstands um 1930

Romanprojekt *Der Mittelstand* (1930)

Aus dem Jahr 1930 stammt ein Romanprojekt von Horváth mit dem geplanten Titel *Der Mittelstand*, das jedoch nie vollendet wurde. Darin findet sich die Aussage: „Der Mittelstand ist eine Klasse, eine eigene zwischen zwei anderen, heute. Seine Grenzen verwischen sich, aber es ist doch eine Klasse, kein Übergang, eine Klasse mit eigener Ideologie"[42]. Für Horváth ist der Mittelstand, der aus seiner Sicht fast 90 Prozent der Bevölkerung von Gesellschaft von 1930 ausmacht, also ein Gegenstand der Zeit- und Ideologiekritik. Die Zusammensetzung des Mittelstandes hat Horváth mit sechs Personengruppen markiert, die sich weitgehend auch in dem Roman *Der ewige Spießer* wiederfinden:

Gesellschaftliche Gruppen	Figurenbeispiele aus dem Roman
Überbleibsel aus der Schieberzeit = Profiteure aus Schwarzmarkt-Geschäften in Wirtschaftskrisen (z. B. Inflation 1923)	Alfons Kobler als gerissener Autoverkäufer
durch Erbschaft in den Status des ungebildeten Neureichen aufgerückt	Harry Priegler
Überbleibsel aus dem alten Mittelstand (Gewerbe, Kaufleute, höhere Beamte)	die Hofopernsängerin, Frau Perzl
Degradierte aus der Bourgeoisie	Thimotheus Bschorr, Hotelier aus Partenkirchen, Käsehändler Portschinger

41 Ebd.
42 Zitiert nach Wolf, S. 202.

Gesellschaftliche Gruppen	Figurenbeispiele aus dem Roman
Degradierte aus der Aristokratie	Graf Blanquez, österreichischer Hofrat
Angestellte (teilweise arbeitslos)	Eugen Reithofer, Anna Pollinger, Rudolf Schmitz, Herr Kastner
kleine Selbstständige	die Tante von Anna, Alfons Kobler

Flucht in Ressentiments und Alkohol

Allen gemeinsam ist ein kleinbürgerliches Bewusstsein, dessen „Dummheit" Horváth demaskieren will. Dieses Bewusstsein will Horváth gar nicht so sehr aus der politischen und gesellschaftlichen Lage erklären. Die Wirrungen der Zwischenkriegszeit von 1918 bis 1939 werden von den Figuren zwar wahrgenommen, jedoch nicht rational verarbeitet. Stattdessen flüchten sich die handelnden Personen in unhinterfragte Rituale und Ressentiments (nicht zuletzt Antisemitismus), in Alkohol und in einen Sadismus, der meist unter der Decke der Bürgerlichkeit verborgen bleibt. Horváth versteht „Kleinbürger" und „Mittelstand" nicht im ökonomischen, sondern im soziologischen Sinn. Er denkt dabei an ein Selbstverständnis, an einen bestimmten Lebensstil (Mentalität). Die beiden Begriffe werden von ihm synonym gebraucht.

Kleinbürger in den 1980er Jahren

Die **Sinus-Milieustudie** wurde Anfang der 1980er Jahre entwickelt und seither kontinuierlich an die gesellschaftlichen Veränderungen angepasst; das Milieu-Modell für Deutschland ist der Klassiker der sozialwissenschaftlichen Gesellschaftsanalyse. Zu den neun in den 1980er Jahren vorgefundenen Milieus zählt auch das sogenannte kleinbürgerliche Milieu. Darunter verstand man die Lebensorientierung von fast einem Viertel der bundesrepublikanischen Bevölkerung.

Mainstream der Gesellschaft

Hinsichtlich der sozialen Lage repräsentiert dieses Milieu die Mitte, den traditionellen Mainstream unserer Gesellschaft: mittlere Bildungsabschlüsse, mittlere Einkommensgruppen, viele kleine bis mittlere Angestellte und Beamte sowie kleine und mittlere Selbstständige. Die Parole dieser soziologischen Gruppe

war: Man muss im Leben etwas Anständiges erreichen. Dazu muss man die gebotenen Möglichkeiten nutzen, denn es falle einem nichts in den Schoß, jeder sei seines Glückes Schmied. Zufriedenheit tritt ein, wenn man es im Beruf zu etwas gebracht hat, wenn das Eigenheim schuldenfrei ist und sich die Kinder vorteilhaft entwickeln. Viele Kleinbürger erreichen mit Sparsamkeit und Mäßigung das Lebensziel Wohlstand. Daraus entsteht eine Art Struktur-Konservativismus: Alles soll so bleiben, wie es ist.

Harmonie und Beständigkeit

Als traditionelle Werte unter den Kleinbürgern gelten weiterhin: Ehrfurcht, Sauberkeit, Fleiß und Zielstrebigkeit. Man legt in diesem Milieu Wert auf ein geordnetes, harmonisches Familienleben. Die Rolle der Frau wird dahingehend definiert, dass Heim und Familie die Mittelpunkte ihres Lebens sind, dort können sie ihre Sehnsucht nach Geborgenheit, nach Harmonie und Beständigkeit verwirklichen. Personen aus diesem Milieu sind häufig bestrebt, durch Hobbys wie Briefmarken sammeln, Schrebergarten, Hobbywerken oder Gesangverein eine private Idylle aufzubauen.

Sicherheit und Ordnung

In der aktuellen Milieu-Studie des Sinus-Instituts aus dem Jahre 2022 (insgesamt sind im Basismodell nunmehr zehn soziale Gruppen aufgelistet) wird – wahrscheinlich wegen der negativen Konnotation des Begriffs – die Formulierung kleinbürgerliches Milieu nicht mehr verwendet, stattdessen spricht man vom **traditionellen Milieu**. Dieses umfasst etwa zehn Prozent der Bevölkerung und wird wie folgt definiert: „Die Sicherheit und Ordnung liebende ältere Generation: verhaftet in der kleinbürgerlichen Welt bzw. traditionellen Arbeiterkultur; anspruchslose Anpassung an die Notwendigkeiten; steigende Akzeptanz der neuen Nachhaltigkeitsnorm; Selbstbild als rechtschaffene kleine Leute“[43].

43 https://www.sinus-institut.de/sinus-milieus/sinus-milieus-deutschland (Stand: März 2023).

Prostituierte, Wiesenbraut und Macho-Opfer: Horváths junge „Fräuleins"

Spießer und Spießerinnen

Horváths Roman wird von einer Vielzahl von Spießer-Typen bevölkert, nicht nur die Hauptperson Alfons Kobler gehört zu diesem Charakterfach. Wir erleben Wirtschafts-Gewinnler, dumpfbackige Nationalisten und Rassisten, Testosteron-gesteuerte Macho-Exemplare, Dünkel-behaftete Schein-Eliten, geschäftstüchtige Schlawiner und schlichte Dummschwätzer. Selbst die drei älteren Damen (die ehemalige Hofopernsängerin, Annas Tante und die Witwe Perzl) gehören zu jener Schicht des Besitzbürgertums, dem es nur noch darum geht, seine Privilegien gegen eine drohende Machtübernahme durch die Arbeiterklasse zu verteidigen.

Ausnahme: das junge Fräulein

Eine Person fällt aber deutlich aus diesem Mentalitätsrahmen: das junge Fräulein, das zum tragischen Opfer der Zustände wird. Horváth zeigt uns an diesem Typus die Unfähigkeit zur Liebe, zur empathischen Beziehung. Denn diese ist in den Zeiten sozialer Existenzängste und der Dominanz des Materialismus fast nicht mehr möglich.

An vier Beispielen kann man nachprüfen, wie Horváth diese Figur immer wieder in seine literarischen Werke einbaut:[44]

Anna Pollinger

- **Anna (Agnes) Pollinger**, die junge Frau, die durch die Verhältnisse gezwungen wird, sich ihren Lebensunterhalt durch Prostitution zu verdienen. Das Schicksal dieser Frau hat Horváth praktisch in vier Etappen und drei Erzählformen geschildert: zuerst als kurze Erzählung *Das Fräulein wird bekehrt* (siehe Kap. 5 dieser Erläuterung, S. 110 ff.), dann als zunächst unveröffentlichter Roman-Entwurf *Sechsunddreißig Stunden* und schließlich als 2. und 3. Teil des Romans *Der ewige Spießer* mit einem Vorgriff im 1. Teil („Das Märchen von Fräulein Pollinger").

44 Vgl. dazu Bertschik, S. 150–157.

Agnes in *Sechsunddreißig Stunden*

In *Sechsunddreißig Stunden* trägt das Fräulein Pollinger noch den Vornamen **Agnes**, wird nach einem Besuch des Oktoberfestes 1925 von einem Rechtsanwalt in dessen Kanzlei entjungfert, hat dann kurze Beziehungen zu einem Kaffeehausmusiker, zu einem Karl Brunner und zu einem Jurastudenten Beckmann. Von ihrem Mietwohnungs-Nachbarn Kastner bekommt sie bereits in dieser frühen Version die Empfehlung, sie müsse ihre Sinnlichkeit produktiv gestalten, sie müsse praktisch werden, d. h., mit ihrer Weiblichkeit auch Geld verdienen, wenn der normale Arbeitsmarkt ihr schon keine Chancen mehr bietet. Er vermittelt sie dem Kunstmaler Arthur Maria Lachner als Modell. Dort lernt sie den jungen, dynamischen Harry Priegler kennen, dessen Leben im Wesentlichen aus Eishockey, Autofahren und bezahlbarer Liebe besteht. Sie lässt sich von ihm zu einem Ausflug an den Starnberger See überreden, auf dem Rückweg kommt es zu einer Vergewaltigung, die Priegler auch noch sarkastisch kommentiert: „Ich strenge mich an und du machst nichts!" (95). Von da an empfindet Anna die Prostitution als die wahre Liebe (= die Ware Liebe) zwischen Ausbeutern und Ausgebeuteten. Die Idealvorstellung von selbstloser Liebe wird aufgekündigt, die Beziehung zu Eugen Reithofer im letzten Kapitel mündet in das Ziel einer maßvollen mittleren Tugend, in eine Solidarität von Mistviechern.

Geschichten aus dem Wiener Wald

- **Marianne** aus *Geschichten aus dem Wiener Wald* (1930), die von Männern erniedrigt wird, ihre Erotik als Ware zu verkaufen, um das Haushalts-Einkommen zu garantieren. Im Mittelpunkt des Theaterstücks steht die Person der Marianne mit ihrem (gescheiterten) Versuch einer Emanzipation, einer Auflehnung gegen die herrschende Moral. Zum einen widersetzt sie sich dem Prinzip der vernünftigen Heirat, die nur der Existenzsicherung dient und die ihr praktisch vom Vater auferlegt wurde. Sie erkennt, dass der vorhergesehene Ehemann, der Metzgermeister Oskar, zwar ein braver Kleinbürger ist, aber kein Mann, den man wirklich lieben kann. Stattdessen lässt sie sich – allerdings im Zustand der Naivität und Verblendung – auf den charmanten, jedoch unseriösen Alfred ein, den sie irrtümlich für einen intelligenten und feinen Menschen hält. Sie widersetzt sich der Autorität des Vaters und kündigt engagiert an: „Jetzt bricht der Sklave seine Fessel"[45]. So will sie den Vater-Tochter-Konflikt lösen, „der durch die typischen Probleme eines Kleinhandelsgeschäfts nach der Stabilisierungsphase und die spezifischen Sozialisationsformen der alt-mittelständischen Kleinfamilie bedingt ist"[46]. Die scheinheiligen Andeutungen von Alfred durchschaut sie nicht und flüchtet sich in floskelhafte Selbstgewissheit: „Lass mich aus dir einen Menschen machen (...) Von dir möchte ich ein Kind haben"[47]. Marianne hält auch nach der Geburt ihres Sohnes an ihrem Lebensprojekt fest, obwohl immer deutlicher wird, dass sie in eine prekäre soziale Lage rutscht und keine Unterstützung durch Alfred hat. Sie verteidigt auch ihre fast erzwungenen Versuche einer Abtreibung und das Festhalten an einer unehelichen Beziehung. Gegenüber der kirchlichen Autorität des Beichtvaters im Stephansdom verteidigt sie ihr Verhalten. Sie ist glücklich über ihr uneheliches Kind und erwartet von der Kirche nicht Strafe, sondern Hilfe. Marianne würde gerne die Rolle der modernen Frau verkörpern, die durch eigene Arbeit Geld verdienen, die sich finanzielle Unabhängigkeit und damit Gleichberechtigung erkämpfen will. Ihre Tragik besteht darin, dass diese Arbeit eine Form von Prostitution ist und dass sie sich nicht klar zwischen der Rolle der zu Hause lebenden Mutter und der selbstbewussten Frau des 20. Jahrhunderts entscheiden kann. Immer wieder muss sie Kompromisse eingehen, die am Ende in die Katastrophe führen: Tod des Kindes, Rückorientierung zur Unterwerfung

---

45 Horváth, *Geschichten aus dem Wiener Wald*, S. 40.

46 Erken, S. 147.

47 Horváth, *Geschichten aus dem Wiener Wald*, S. 41.

unter den dominanten Vater und den möglichen Ehemann Oskar. Eine Vorstufe zu der Endfassung von *Geschichten aus dem Wiener Wald* trug den Titel *Das verkaufte Fräulein.* Dementsprechend geht es in dem Volksstück um „Erotik als Ware“[48], was jedoch nicht nur junge Frauen, sondern auch junge Männer betrifft. Marianne soll aus Gründen der Geschäftsökonomie – der Spielzeugladen ihres Vaters liegt danieder – mit dem relativ wohlhabenden Fleischhauer Oskar verheiratet werden. „Mariannes erotischer Warencharakter (...) wird dabei von Anfang an ins (Bühnen-)Bild gesetzt“[49]. Horváth lässt sie als Arrangeurin der Auslage – fast wie in einer Peepshow – selbst im Schaufenster erscheinen, wo sie vom Passanten Alfred wohlgefällig betrachtet wird.

- **Karoline** aus *Kasimir und Karoline* (1932), die Wiesn-Braut, die angesichts der Arbeitslosigkeit ihres Freundes Kasimir zur Instrumentalisierung von Emotion und Erotik gezwungen wird. Aus der Erkenntnis einer Ambivalenz von hohen Erwartungen (selbstlose und immerwährende Liebe) und erniedrigenden Realitäten (Arbeitslosigkeit, käufliche Liebe) sieht sie einen gewissen Sinn in dem Einsatz ihres erotischen Kapitals gegenüber wohlhabenden Bekannten.

Kasimir und Karoline

- **Elisabeth** aus *Glaube Liebe Hoffnung* (1936), die zwischen zwei Männern hin- und hergerissene junge Frau in prekären sozialen Verhältnissen. Auch sie muss die Fadenscheinigkeit des als Motto vorangestellten Bibeltextes erkennen: „Nun aber bleiben Glaube, Hoffnung und Liebe, diese drei; aber die Liebe ist die größte unter ihnen“. Die beiden Männer sind ein Präparator, der ihr Geld leiht, und ein Polizist, der ihr die Ehe verspricht. Weil sich aber beide aus Berechnung, d. h. durch eine materialistische Abschätzung des „Wertes“ einer langfristigen Beziehung, von ihr abwenden, bleibt Elisabeth nur der Selbstmord.

Glaube Liebe Hoffnung

48 Bertschik, S. 150.
49 Ebd., S. 151.

3.8 Schlüsselstellenanalysen

Schlüsselstelle 1 „Reisen bildet": S. 145 („Sie brachte ihm auch das kalte Wasser ...") bis S. 147 („... und hat nichts darunter an, ich erwähn das nur nebenbei")

Kontext: Alfons Kobler hat durch den dubiosen Verkauf des gebrauchten Cabriolets der ehemaligen Hofopernsängerin 600 Reichsmark eingenommen und damit seinen ersten Erfolg als selbstständiger Autohändler gefeiert. Sein Geschäftsfreund Graf Blanquez empfiehlt ihm, das Geld in eine Reise zu investieren. Ziel dieser Reise solle ein Luxushotel sein, in dem man als schönen Nebeneffekt eine reiche Frau kennenlernen könne. Blanquez erzählt Kobler von einem gewissen Kammerlocher, der bei einer solchen Gelegenheit eine reiche Ägypterin erobert habe und nun mit deren Vermögen ein sorgenfreies Leben führe.

Schlüsselstelle: Die Textstelle ist im Wesentlichen ein Dialog zwischen Alfons Kobler und seiner Vermieterin Frau Perzl, einer wohlhabenden Witwe eines Frauenarztes. Sie hat das Gespräch zwischen Blanquez und Kobler belauscht und tritt nun in Koblers möbliertes Zimmer und wiederholt den Vorschlag einer Reise: „Wenn ich jetzt Ihr Geld hätt, ließ ich sofort alles liegen, wies grad liegt, nur naus in die Welt" (145). Sehnsüchtig erinnert sie sich an ihre Aufenthalte in dem italienischen Kurort Abbazia. Kobler reagiert auf den Vorschlag positiv, versteht aber unter einer Horizonterweiterung durch Reisen etwas ganz Anderes: Er möchte z. B. die Verkaufsmethoden im Ausland kennenlernen. Diesem rein materiellen Ansatz widerspricht Frau Perzl, für sie bietet das europäische Ausland beeindruckende Kunstschätze, etwa in Paris, Florenz oder Rom. Das berührt den Kunstbanausen Kobler jedoch überhaupt nicht: Für Kunst habe er nichts übrig, das interessiere nur die „Weiber von den reichen Juden" (146). Eher kann er sich mit Blanquez' lukrativer Idee anfreunden, dem Kennenlernen einer reichen Dame. Frau Perzl kommt darauf mit einem konkreten Vorschlag: In Barcelona sei gerade die Weltausstellung, das wäre doch ein interessantes Ziel. Sie selbst habe schon einmal die Weltausstellung in Paris besucht.

Funktion: Mit der ausgewählten Schlüsselstelle öffnet der Roman seine räumliche Dimension. Aus dem Münchner Geschäftsleben und den Kneipen der Schellingstraße geht es nun in die weite Welt. Das führt auch zu einer thematischen Erweiterung: Die Bildungsreise durch Österreich, Italien, Frankreich und Spanien bringt Fragen der europäischen Politik nach dem Ersten Weltkrieg mit sich und vergrößert das Spektrum der Spießer-Typen durch Mitreisende im Eisenbahn-Waggon. Gleichzeitig hat der Dialog zwischen Kobler und Frau Perzl in zweierlei Hinsicht beispielhaften Charakter: zum einen durch den Kontrast zwischen traditionellem Bildungsbürgertum und rein materieller Kaufmanns-Ideologie, zum anderen durch das Phänomen von Missverständnissen und dem Aneinander-Vorbeireden in der Kommunikation. Auch die Sprache des Dialogs mit großer Häufigkeit von Floskeln und oberbayerischen Dialekt-Einflüssen ist typisch für den gesamten Roman. Kobler geht jedenfalls am nächsten Tag in ein Reisebüro und bucht eine Bahnreise nach Barcelona. Am Abend vor der Abfahrt erzählt er vielen Bekannten in seiner Stammkneipe, dem Schelling-Salon, von seinem bevorstehenden Aufbruch.

Schlüsselstelle 2 „Das ganze Geld für einen großen Dreck ausgegeben": S. 225 („Im Konversationszimmer ging Rigmor ...") bis S. 228 („... konstatierte er düster")

Kontext: Im französischen Tarascon ist eine attraktive junge Dame (Rigmor Erichsen, die Tochter eines Kölner Großindustriellen) in den Zug gestiegen, sie nimmt Platz im Waggon von Kobler und dem Journalisten Rudolf Schmitz und wird von beiden Männern heftig in Beschlag genommen – teilweise auch mit anzüglichen Erinnerungen an den Aufenthalt in Marseille. Das ungleiche Trio nimmt sich in Barcelona ein Hotel, besichtigt gemeinsam einige Pavillons der Weltausstellung, nimmt ein Abendessen im Restaurant Miramare und besucht danach die Stierkampf-Arena. Koblers Plan ist eindeutig: Er will Rigmor sexuell „kompromittieren“ und damit zu einer Liaison zwingen. Es gelingt ihm tatsächlich, die Nacht mit Rigmor zu verbringen.

Schlüsselstelle: Die Textstelle steuert schnell auf die große Enttäuschung für Alfons Kobler zu. Rigmor ist am Morgen nach der gemeinsam verbrachten Nacht im Konversationszimmer des Hotels ein bisschen verlegen und verschüchtert, doch sie enthüllt Kobler schließlich, dass sie mit einem US-amerikanischen Millionär aus Milwaukee verlobt ist und dass ihr Vater aus geschäftlichen Gründen auf die baldige Eheschließung Wert legt. Außerdem werde Mr. Kaufmann (!) nach seiner erfolgreichen psychologischen Behandlung schon in Kürze im Hotel eintreffen. Kobler ist wie vor den Kopf gestoßen; seine Pläne sind mit einem Schlag zunichtegemacht, er tritt sofort die Rückfahrt nach München an: „Mit Amerika kann man halt nicht konkurrieren!“ (228).

Funktion: Die Schlüsselstelle 2 wirkt spiegelbildlich zur Schlüsselstelle 1. Kobler wird wieder auf seine „kleine“ Welt in München zurückgeworfen. Das materielle Ziel seiner Europa-Reise hat sich nicht verwirklichen lassen, die ökonomische (und machtpolitische) Kraft der USA ist einfach zu groß. So ist das Dreiecksverhältnis Kobler – Kaufmann – Rigmor ein Symbol für die weltpolitischen Zustände nach 1918. Durch seine Niederlage setzt bei Kobler ein überraschender Lernprozess ein: Er wird zum überzeugten (?) Paneuropäer, um der amerikanischen Übermacht etwas entgegenzusetzen. Rigmor Erichsen ist – wie manche weibliche Figuren bei Horváth – eine Frau zwischen zwei Männern, sie wird aber nicht – wie Anna Pollinger – zum tragischen Opfer, weil sie bereit ist, sich als verarmte Europäerin nach Übersee zu verkaufen und somit der Logik des Konkurrenz-Kapitalismus zu folgen, d. h., von dieser Logik zu profitieren: Während Anna Pollinger in das Milieu der Prostituierten abrutscht, bleibt Rigmor durch die Heirat in der wohlhabenden Schicht der Großunternehmer.

Schlüsselstelle 3 „Die Ware Liebe": S. 255 („Im Forstenrieder Park bog Harry ...") bis S. 256 („... als wär sie schon tot")

Kontext: Die mittlerweile arbeitslose Anna hat sich auf Empfehlung ihres Zimmernachbarn Kastner als Aktmodell im Atelier des Kunstmalers Achner verdingt. Der erfolgreiche Eishockeyspieler Harry Priegler kommt zufällig vorbei und lädt Anna zu einer Spritztour mit seinem Sportwagen an den Starnberger See ein. Sie fahren nach Possenhofen und essen zu Abend im Seerestaurant zu Feldafing. Dabei philosophiert Harry: „wieso kommt es nur, dass ich bei Frauen so viel Glück hab?" (253). In der Dunkelheit wird die Rückfahrt nach München angetreten.
Schlüsselstelle: Die Textstelle spielt auf einem Seitenweg im Forstenrieder Park, in den Harry Priegler mit unverkennbaren Absichten einbiegt. „Anna wusste, was nun kommen würde" (255). Harry sieht sich in (zeit-)typisch männlicher Logik im Recht, von Anna sexuelle Gegenleistungen zu erwarten. Er hat sie schließlich im Sportwagen chauffiert und hat ihr ein Wiener Schnitzel im Seerestaurant bezahlt. Er nähert sich ihr in handgreiflicher Weise. In diesem Moment erinnert sich Anna an den Tipp von Herrn Kastner, sie solle ihr weibliches Kapital „praktisch" nutzen, und sie verlangt für ihre Gefälligkeiten zehn Mark. Harry handelt sie – im Stile eines Geschäftsmannes – auf fünf Mark herunter. Dann kommt es zum (nicht explizit geschilderten) Geschlechtsverkehr auf einer Bank bei der Lichtung. Für Anna war es das erste Mal, dass sie Geld dafür nahm. Anna tut sich schwer damit, darüber nachzudenken, ob man das tun dürfe. Sie erkennt, dass Geld Gefühle ersetzen kann, und fühlt sich, „als wär sie schon tot" (256).
Funktion: Horváth behandelt hier ein Thema, das ihn immer wieder bewegt hat: der Schritt eines „Fräuleins" in prekärer sozialer

Situation zur bezahlten Liebe. Gleichzeitig ist die Textstelle eine Reflexion über die Legitimität von Prostitution angesichts inhumaner Verhältnisse. Für Anna ist die Situation alternativlos: Sie hat nichts zu essen – und die Natur verlangt ihr Recht. Bei Harry Priegler entsteht eine Ambivalenz zwischen erhoffter romantischer Stimmung und bloßer Verkaufssituation. Er muss einsehen, dass Prostitution eine Art Verhältnis zwischen Ausbeutern und Ausgebeuteten ist und dass Gefühle letztlich nicht käuflich sind. Im weiteren Verlauf des Romans wird Annas Weg in die Prostitution in ihrem Umfeld allgemein bekannt, die Tante wirft sie aus der Miet-Wohnung, Kobler und Graf Blanquez bezeichnen sie als „total verkommen" (258), haben dafür aber die höchst oberflächliche Erklärung, es seien „halt diese fürchterliche Zeiten" (258). Irgendwie sei das Böse in der Welt! Inwiefern an diesen Zeiten gerade sie als Männer, die jederzeit bereit sind, die Dienste von Prostituierten in Anspruch zu nehmen, mitverantwortlich sind, bleibt unreflektiert.

Schlüsselstelle 4 „Solidarität unter Mistviechern": S. 272 („Als der Herr Reithofer von der Stelle ...") bis S. 275 („... und das ist halt die menschliche Solidarität")

Kontext: Eugen Reithofer hat Anna auf dem Arbeitsamt kennengelernt, beide sind derzeit arbeitslos. Sie kommen ins Gespräch und Anna wünscht sich einen gemeinsamen Kinobesuch, den Reithofer bezahlt, obwohl er nur noch einen Zehnmarkschein besitzt. Danach will er noch etwas mit Anna spazieren gehen, doch Anna antwortet reflexhaft, das würde etwas kosten. Reithofer erkennt, dass es sich bei seiner sympathischen Begleitung um eine Prostituierte handelt, sie also offenbar nicht aus Sympathie, sondern in der Hoffnung, Geld zu verdienen, mit ihm mitgegangen ist, und bezeichnet sie für sich abfällig als ein „Mistvieh" – man trennt sich.

Schlüsselstelle: Die Textstelle beginnt in einem Bierlokal, wo Reithofer zufällig von einer freien Arbeitsstelle für eine Schneiderin erfährt. Der Hass auf Anna verschwindet, weil er ihr Verhalten in der Wirtschaftskrise relativiert und seine eigene moralische Überheblichkeit in Frage stellt: „(...) ob ich am End nicht auch ein Mistvieh bin! Ich bin doch auch eins, meiner Seel!" (272). Er erkundigt sich nach den Bedingungen für die Stelle. Wenig später findet er Anna auf der Straße wieder und teilt ihr mit, „dass er ihr eine solide Arbeitsmöglichkeit verschaffen könnte" (274). Anna kann sich so ein mitfühlendes Verhalten gar nicht mehr vorstellen: „Und das gäbs ja gar nicht auf der Welt, dass ihr ein Mensch mit einem Rettungsring nachlaufe, nachdem sie diesen Menschen ausgenützt hätte" (274 f.).

Funktion: Die Schlüsselstelle ist im Grunde der Versuch einer Antwort auf die Frage, ob ein richtiges Leben im falschen noch möglich sei. Theodor W. Adornos berühmter apodiktischer Satz „Es gibt kein richtiges Leben im falschen" (aus *Minima Moralia*) wird hier durch das Postulat einer mittleren Tugend relativiert. Auch wenn das Böse in der Welt ist, gibt es noch die Möglichkeit von Mitgefühl, Kultur und Zivilisation – oder wie es Horváth seinen Herrn Reithofer formulieren lässt: Es gibt selbst unter Mistviechern noch eine menschliche Solidarität. Damit gestaltet er keineswegs ein kitschiges Happyend des Romans, sondern nur ein positives Denkangebot – vergleichbar mit dem Epilog von Bertolt Brechts Parabelstück *Der gute Mensch von Sezuan:* „Der einzige Ausweg wär aus diesem Ungemach / Sie selber dächten auf der Stelle nach / Auf welche Weis dem guten Menschen man / Zu einem guten Ende helfen kann. / Verehrtes Publikum, los, such dir selbst den Schluß! / Es muß ein guter da sein, muß, muß, muß!"[50]

---

50 Bertolt Brecht: *Stücke II (Werke in fünf Bänden, Band 2)*. Berlin, Weimar: Aufbau Verlag, 1973, S. 228.

4 REZEPTIONSGESCHICHTE

Ausnahme-Autor

Eine der ersten Rezensionen zu dem Roman erschien in der verlagseigenen Zeitschrift *Der Querschnitt* (Propyläen-Verlag, Berlin), Heft 12/1930. Verfasser war der Wiener Feuilletonist **Anton Kuh** (1890–1941):

„Dieser Ödön von Horváth, dessen Name so eigenartig nach Mord-Chronik, Steckbrief, k. und k. Armee-Überbleibsel klingt, ist ein Ausnahmefall unter den Exzedenten[51] seines Geschlechts. Ein amorphes Stück Natur; vulgär wie ein Noch-nicht-Literat, souverän wie ein Nicht-mehr-Literat; aus Elementarischem und Dilettantischem gemengt. So könnte die Rohschrift eines großen satirischen Erzählers aussehen; aber auch die Reinschrift eines genialen Abenteurers, der sich für einen Schriftsteller ausgibt. Doch wie immer die Zukunft diese Unbestimmtheit kläre: wie unaffektiert ist die Derbheit dieses Zuchtlosen, wie unrenommistisch seine Kühnheit, wie phrasenlos seine Überzeugtheit im Vergleich zu allen den andern, vom Bronnen[52] bis zum Lampel[53]! Und wie hell und selbstvergnügt sein Humor …! Der *ewige Spießer* sollte übrigens heißen der „neue Spießer", denn der mit Mikosch[54]-Witz erfasste Mikosch-Typ, um den es sich hier, ungeachtet der bayrischen Couleur, dreht, ist nicht mehr Moral-, sondern Immoral-Spießer; ein strotzender, ordinärer, nicht einmal ganz ungütiger

Seite der Ödön-von-Horváth-Gesellschaft

---

51 Veraltet für Übeltäter, Unruhestifter.

52 Arnolt Bronnen (1895–1959) war ein österreichischer Schriftsteller, Theaterautor und Regisseur.

53 Peter Martin Lampel (1894–1965) war ein deutscher Dramatiker, Erzähler und Maler.

54 Baron Mikosch: zusammen mit seinem Schweinehirten Janosch eine ungarische Witzfigur (vgl. Graf Bobby in Österreich).

> Klachel[55], der sich aus Zeitungsphrasen einen Machiavellismus des kleinen Mannes gebraut hat; ein Windhund mit Fettnacken sozusagen. Angeklagter Horváth – wie Sie den schildern, das ist geschriebener Daumier[56]. Hoffentlich sehe ich Sie als Schriftsteller wieder“[57].

Satirischer Beobachter

Hermann Kesten (1900–1996), ein Vertreter der „Neuen Sachlichkeit“ in der Literatur der Weimarer Republik, schrieb **1931** in der ***Literarischen Welt***:

> „Horváth ist ein sehr witziger Erzähler, ein satirischer Beobachter der mittleren Gemeinheiten der mittleren Existenzen unserer mittleren Großstädte. Er erzählt innerhalb ganz einfacher Fabeln eine Fülle reizender, manchmal grotesker, scharf und treffend beobachteter, immer lustiger Anekdoten. Er charakterisiert meistens vermittels der Anekdote. Er lockert die Schriftsprache durch weitgehende Benutzung des Dialekts auf, was ihm manche sprachliche Lässigkeit erlaubt“[58].

Wechsel zu Kiepenheuer

Wenig später kam es zu einem für Horváths Karriere bedeutsamen Verlagswechsel: Der Vertrag zwischen dem Autor und dem Ullstein (Propyläen) Verlag wurde **1932** wieder gelöst. Bis dahin waren der Roman *Der ewige Spießer* und zwei Bühnenstücke *(Italienische Nacht, Geschichten aus dem Wiener Wald)* erschienen. Horváth wechselt daraufhin zum Verlag Gustav Kiepenheuer.

Während die meisten zeitgenössischen Rezensionen zu dem Roman sehr positiv ausfielen und von einem vielversprechenden Autor berichteten, enthält **Michael Schneiders** rückblickende Bewertung aus dem Jahr 1989 auch kritische Aspekte. Er bemängelt,

---

55 Klachel: ein österreichischer Schimpfname, der einen trägen und zugleich groben Menschen bezeichnet.

56 Honoré Daumier (1808–1879) war ein französischer Maler und Karikaturist.

57 Zitiert nach: Krischke/Prokop 1977, S. 97.

58 Zitiert nach: Krischke 1980, S. 85.

dass Horváth den Typ des werdenden Spießers nur in moralischen Kategorien und vulgärmarxistischen Begriffen fasse. Die Männerwelt des Romans sei nur auf Seelenkitsch und profane Sexualität reduziert. Für Schneider ist daher eigentlich das unveröffentlicht gebliebene Vorgängerwerk *Sechsunddreißig Stunden* das Meisterwerk Horváths, „eine der poetischsten und (...) anrührendsten Liebesgeschichten“[59]. Er fragt sich auch, warum Horváth den „ewigen Spießer“ so eng mit seiner eigenen Biografie verknüpft hat (beispielsweise bei der Reise nach Barcelona). Könnte es sein, das zu Horváths zentralen Lebensängsten „auch die Angst gehörte, den von ihm gegeißelten Kleinbürgern, Spießern und opportunen Mitläufern selber ähnlich zu werden“[60]?

Hörspiele und Theaterfassung

Jüngeren Datums sind zwei Hörspieladaptionen sowie eine Bearbeitung für das Theater:

- Der **ORF** produzierte 1991 ein **Hörspiel** (80 Minuten, Sendedatum Ö1: 10. 12. 1991) in der Bearbeitung von Traugott Krischke und der Regie von Claude Pierre Salmony. Sprecher:innen waren u. a. Jörg Hube, Louise Martini, Walter Schmidinger, Peter Simonischek, Fritz Muliar und Suzanne Czepl.[61]
- Der **Bayerische Rundfunk** produzierte 2015 das **Hörspiel** *Der ewige Spießer* in der Textbearbeitung und Regie durch Katarina Agathos und Bernadette Sonnenbichler. Sprecher:innen sind unter anderem Peter Simonischek, Brigitte Hobmeier, Hannes Ringlstetter und Stephan Zinner. Die vier Teile zu je 53 Minuten sind auch als Podcast abrufbar.[62]

BR-Hörspiel
Der ewige Spießer

- Der Horváth-Kenner **Friedrich Wambsganz** (geb. 1945) verfasste 2018 eine **Dramatisierung** des Romans *Der ewige Spießer* und wählte dazu den Untertitel *Eine Sozialkomödie in gesellschaftskritischer Tendenz.* Die fünf Akte sind eine

59 Schneider, *Eine Tragödie der Dummheit*, S. 241.
60 Ebd., S. 242.
61 https://oe1.orf.at/hoerspiel/suche/12224 (Stand: März 2023).
62 https://www.br.de/mediathek/podcast/der-ewige-spiesser-das-hoerspiel/709 (Stand: März 2023).

Komprimierung des Romans auf fünf Schauplätze, wobei der Münchner „Schelling-Salon" als Akt 1 und Akt 5 den Rahmen bildet. Dazwischen verweilt die Handlung noch (2) im Zug von München nach Barcelona (mit einem Aufenthalt in Marseille), (3) in einer Hotelhalle in Barcelona und (4) in Anna Pollingers Münchner Zimmer. Die Überschriften der fünf Abschnitte lauten: *Freude durch Geld, Politik und Eros, Bittere Realität, Not der weiblichen Arbeiterklasse* und *Weiches Herz in Proleten-Schale;* als Spielzeit kann man von 90 Minuten ausgehen. Nach Auskunft des Autors wurde das Stück bisher noch nicht aufgeführt.

5 MATERIALIEN

Ödön von Horváth: *Das Fräulein wird bekehrt* (1929)

Kurzgeschichte (1929)

Diese Kurzgeschichte erschien 1929 in dem von Hermann Kesten herausgegebenen Sammelband *24 neue deutsche Erzähler* mit, so der Untertitel, *Frühwerken der Neuen Sachlichkeit* (Berlin: Verlag Gustav Kiepenheuer, 1929, S. 396–402).

„Als sich das Fräulein und der Herr Reithofer kennenlernten, fielen sie sich zuerst gar nicht besonders auf. Jeder dachte nämlich gerade an etwas Wichtigeres. So dachte der Herr Reithofer, dass sich der nächste Weltkrieg wahrscheinlich in Thüringen abspielen wird, weil er gerade in der Zeitung gelesen hatte, dass die rechten Kuomintang[63] wieder mal einhundertdreiundvierzig Kommunisten erschlagen haben. Und das Fräulein dachte, es sei doch schon sehr schade, dass sie monatlich nur hundertzehn Mark verdient, denn sie hätte ja jetzt bald Urlaub und wenn sie zwohundertzehn Mark verdienen würde, könnte sie in die Berge fahren. Bis dorthin, wo sie am höchsten sind.

Gesetzlich gebührten nämlich dem Fräulein jährlich sechs bezahlte Arbeitstage – jawohl, das Fräulein hatte ein richtiggehendes Recht auf Urlaub und es ist doch noch gar nicht so lange her, da hatte solch Fräulein überhaupt nichts zu fordern, sondern artig zu kuschen und gegebenenfalls zu kündigen, sich zu verkaufen oder dgl., was zwar auch heute noch vorkommen soll. Aber heute beschützen uns ja immerhin einige Paragraphen, während noch vor zwanzig Jahren die Gnade höchst unkonstitutionell herrschte, und infolgedessen konnte man es sich gar nicht vorstellen, dass auch Lohnempfänger Urlaub haben dürfen. Es oblag allein in des Brotherrn Ermes-

---

63 Partei der Nationalchinesen, heute eine Partei Taiwans.

sen, ob solch Fräulein zu Weihnachten oder an einem anderen christlichen Doppelfeiertage auch noch den zweiten Tag feiern durfte. Aber damals war ja unser Fräulein noch kaum geboren – eigentlich beginnt ihr Leben mit der sozialen Gesetzgebung der Weimarer Republik.

Wie schön war doch die patriarchalische Zeit! Wie ungefährdet konnte Großmama ihre Mägde kränken, quälen und davonjagen, wie war es doch selbstverständlich, dass Großpapa seine Lehrlinge um den Lohn prellte und durch Prügel zu fleißigen Charakteren erzog. Noch lebten Treu und Glauben zwischen Maas und Memel[64], und Großpapa war ein freisinniger Mensch. Großzügig gab er seinen Angestellten Arbeit, von morgens vier bis Mitternacht. Kein Wunder, dass das Vaterland immer mächtiger wurde! Und erst als sich der weitblickende Großpapa auf maschinellen Betrieb umstellte, da erst ging es empor zu höchsten Zielen, denn er ließ ja die Maschinen nur durch Kinder bedienen, die waren nämlich billiger als ihre Väter, maßen das Volk gesund und ungebrochen war. Also kam es nicht darauf an, dass mannigfache Kinder an der Schwindsucht krepierten, kein Nationalvermögen wächst ohne Opfersinn! Und während Bismarck, der eiserne Kanzler, erbittert das Gesetz zum Schutze der Kinderarbeit bekämpfte, wuchs Großpapas einfache Werkstatt zur Fabrik. Schlot stand an Schlot, als ihn der Schlag traf. Er hatte sich überarbeitet. Künstler, Gelehrte, Richter und hohe Beamte, ja sogar ein Oberstleutnant a. D. gaben ihm das letzte Geleite. Trotzdem blieb aber Großmama immer die bescheidene tiefreligiöse Frau.

Nämlich als Großmama geboren wurde, war es natürlich Nacht, so eine richtige kleinbürgerlich-romantische Nacht und Spätherbst. Alles stand blau am Horizont und der Mond hing über schwarzen Teichen und dem Wald.

---

64 Die im *Deutschlandlied* genannten Flüsse galten als Grenzen des deutschen Sprachraums.

Natürlich hatte Großmama auch ein Gebetbuch mit einer gepressten Rose mittendrin. Wenn sie in ihrem gemütlichen Sorgenstuhl saß, betrachtete sie die Rose, und dann trat ihr je eine Träne in das rechte und das linke Auge, denn die Rose hatte ihr einst der nunmehr längst verstorbene Großpapa gepflückt, und dieser tote Mann tat ihr nun leid, denn als er noch lebendig gewesen ist, hatte sie ihn oft heimlich gehasst, weil sie sich nie von einem anderen Großpapa hatte berühren lassen. Und Großmama erzählte Märchen und knapp vor dem Weltkrieg zog sie sich in ein besseres Jenseits zurück.

Auch unseres Fräuleins Großmama hatte solche Rose in ihrem Gebetbuch, aber ihre Kinder gingen in der Inflation zugrunde, und sieben Jahre später treffen wir das Fräulein im Kontor einer Alteisenwarenhandlung in der Schellingstraße mit einem monatlichen Verdienst von hundertundzehn Mark.

Aber das Fräulein zählte nicht zum Proletariat, weil ihre Eltern mal zugrunde gegangen sind. Sie war überzeugt, dass die Masse nach Schweiß riecht, sie leugnete jede Solidarität und beteiligte sich an keiner Betriebsratswahl. Sie tat sehr stolz, weil sie sich nach einem Sechszylinder sehnte. Sie war wirklich nicht glücklich und das hat mal ein Herr, der sie in der Schellingstraße angesprochen hatte, folgendermaßen formuliert: ‚In der Stadt wird man so zur Null', meinte der Herr und fuhr fort: ‚Ich bin lieber draußen auf dem Lande auf meinem Gute. Mein Vetter ist Diplomlandwirt. Wenn zum Beispiel, mit Verlaub zu sagen, die Vögel zwitschern – –' und er fügte rasch hinzu: ‚Wolln ma mal ne Tasse Kaffee?' Das Fräulein wollte und er führte sie auf einen Dachgarten. Es war dort sehr vornehm, und plötzlich schämte sich der Herr, weil der Kellner über das Täschchen des Fräuleins lächelte, und dann wurde der Herr unhöflich, zahlte und ließ das Fräulein allein auf dem Dachgarten sitzen. Da dachte das Fräulein, sie sei halt auch nur eine Proletarierin, aber dann fiel es ihr wieder ein, dass ihre Eltern zugrunde gegangen sind und sie klammerte sich daran.

Das war am vierten Juli, und zwei Tage später begegnete das Fräulein zufällig dem Herrn Reithofer in der Schellingstraße. ‚Guten Abend', sagte der Herr Reithofer. ‚Haben Sie schon gehört, dass England in Indien gegen Russland ist? Und, dass der Reichskanzler operiert werden muss.'

‚Ich kümmere mich nicht um Politik', sagte das Fräulein.

‚Das ist aber Staatsbürgerpflicht', sagte der Herr Reithofer.

‚Ich kann's doch nich ändern', meinte das Fräulein.

‚Oho!', meinte der Herr Reithofer. ‚Es kommt auf jeden Einzelnen an, zum Beispiel bei den Wahlen. Mit Ihrer Ansicht, Fräulein, werden Sie nie in die Berge fahren, obwohl diese ganzen Wahlen eigentlich nur kapitalistische Machenschaften sind.'

Der Herr Reithofer war durchaus Marxist, gehörte aber keiner Partei an, teils wegen Noske[65], teils aus Pazifismus. ‚Vielleicht ist das Letztere nur Gefühlsduselei', dachte er und wurde traurig. Er sehnte sich nach Moskau und war mit einem sozialdemokratischen Parteifunktionär befreundet. Er spielte in der Arbeiterwohlfahrtslotterie und hoffte mal sehr viel zu gewinnen und das war das einzig Bürgerliche an ihm.

‚Geben Sie acht, Fräulein', fuhr er fort, ‚wenn ich nicht vor drei Jahren zweihundert Mark gewonnen hätt, hätt ich noch nie einen Berg gesehen. Vom Urlaub allein hat man noch nichts, da gehört noch was dazu, ein anderes Gesetz, ein ganz anderes Gesetzbuch. Es ist schön in den Bergen und still.'

Und dann sagte er dem Fräulein, dass er für die Befreiung der Arbeit kämpft. Und dann klärte er sie auf, und das Fräulein dachte: Er hat ein angenehmes Organ. Sie hörte ihm gerne zu und er bemerkte es, dass sie ihm zuhört. ‚Langweilt Sie das?', fragte er. ‚Oh nein!', sagte sie.

---

65 Der SPD-Politiker Gustav Noske (1868–1946) war nach 1918 verantwortlich für die gewaltsame Niederschlagung kommunistischer Aufstände in Berlin.

Da fiel es ihm auf, dass sie so rund war rundherum, und er musste direkt achtgeben, dass er nicht an sie ankommt.

‚Herr Reithofer', sagte plötzlich das Fräulein, ‚Sie wissen aber schon sehr viel und Sie können es einem so gut sagen' – aber der Herr Reithofer ließ sich nicht stören, weil er gerade über den Apostel Paulus sprach und darüber ist es sehr schwer zu sprechen. ‚Man muss sich schon sehr konzentrieren', dachte der Herr Reithofer und ging über zur Französischen Revolution.

Er erzählte ihr, wie Marat[66] ermordet wurde, und das Fräulein überraschte sich dabei, wie sehr sie sich anstrengen musste, wenn sie an einen Sechszylinder denken wollte. Es war ihr plötzlich, als wären nicht ihre Eltern, sondern bereits ihre Ururеltern zugrunde gegangen. Sie sah so plötzlich alles anders, dass sie einen Augenblick stehen bleiben musste. Der Herr Reithofer ging aber weiter, und sie betrachtete ihn von hinten.

Es war ihr, als habe der Herr Reithofer in einem dunklen Zimmer das Licht angeknipst und nun könne sie den Reichswehrminister, den Prinz von Wales und den Poincaré[67], den Mussolini und zahlreiche Aufsichtsräte sehen. Auf dem Bette saß ihr Chef, auf dem Tische stand ein Schupo[68], vor dem Spiegel ein General und am Fenster ein Staatsanwalt – als hätten sie immer schon in ihrem Zimmer gewohnt. Aber dann öffnete sich die Türe und herein trat ein mittelgroßer stämmiger Mann, der dem Herrn Reithofer sehr ähnlich sah. Er ging feierlich auf den Herrn Reithofer zu, drückte ihm die Hand und sprach: ‚Genosse Reithofer, du hast ein bürgerliches Mädchen bekehrt. Das ist sehr schön von dir.' Und das Fräulein dachte: ‚Ich glaub gar, dieser Herr Reithofer ist ein anständiger Mensch.'

---

66 Jean Paul Marat (1743–1793), frz. Arzt und bedeutender Protagonist der Französischen Revolution.

67 Raymond Poincaré (1860–1934), frz. Politiker, Ministerpräsident und Staatspräsident Frankreichs.

68 Schutzpolizist.

‚Die Luft ist warm heut Abend', sagte der anständige Mensch. ‚Wollen Sie schon nach Haus oder gehen wir noch etwas weiter?'

‚Ja', meinte sie.

‚Dort drüben ist die Luft noch besser, das ist immer so in den Anlagen', sagte er und dann fügte er noch hinzu, der Imperialismus sei die jüngste Etappe des Kapitalismus und dann sprach er kein Wort.

Warum er denn kein Wort mehr sage, fragte das Fräulein. Weil es so schwer sei, die Menschen auf den rechten Weg zu bringen, sagte der Herr Reithofer. Hierauf konnte man beide nicht mehr sehen, denn es war sehr dunkel in den Anlagen.

Wollen wir ihnen folgen? Nein. Es ist doch hässlich, zwei Menschen zu belauschen, von denen man doch schon weiß, was sie voneinander wollen. Kaufen wir uns lieber eine Zeitung, die Sportnachrichten sind immer interessant.

Ich liebe den Fußball – und Sie? Wie? Sie wollen, dass ich weitererzähle? Sie finden, dass das kein Schluss ist? Sie wollen wissen, ob sich das Fräulein wirklich bekehrt hat? Sie behaupten, es sei unfassbar, dass solch ein individualistisches Fräulein so rasch eine andere Weltanschauung bekommt? Sie sagen, das Fräulein wäre katholisch? Hm.

Also wenn Sie es unbedingt hören wollen, was sich das Fräulein dachte, nachdem sich der Herr Reithofer von ihr verabschiedet hatte, so muss ich es Ihnen wohl sagen. Entschuldigen Sie, dass ich weitererzähle.

Es war ungefähr dreiundzwanzig Uhr, als das Fräulein ihr Zimmer betrat. Sie setzte sich und zog sich aus, so langsam, als wöge jeder Strumpf zehn Pfund.

Ihr gegenüber an der Wand hing ein heiliges Bild: Ein großer weißer Engel schwebte in einem Zimmer und verkündete der knienden Madonna: „Bei Gott ist kein Ding unmöglich!" Und das Fräulein dachte, der Herr Reithofer hätte wirklich schön achtgegeben und sei überhaupt ein anständiger Mensch, aber leider kein solch weißer Engel, dass man unbefleckt empfangen könnte. Warum dürfe das nur Maria, warum sei gerade sie auserwählt unter den Weibern? Was habe sie denn schon so Besonderes geleistet, dass sie so fürstlich belohnt wurde? Nichts habe sie getan, sie sei doch nur Jungfrau gewesen und das hätten ja alle mal gehabt. Auch sie selbst hätte das mal gehabt.

Die Mutter Gottes hätte eben Protektion gehabt genau wie die Henny Porten[69], Lia de Putti[70], Dolores del Rio[71] und Carmen Cartellieri[72]. ‚Wenn man keine Protektion hat, indem dass man keinen Regisseur kennt, so wird man halt nicht auserwählt', konstatierte das Fräulein.

‚Auserwählt', wiederholte sie, und es tat ihr alles weh. ‚Bei Gott ist kein Regisseur unmöglich', lächelte der große weiße Engel, und das Fräulein meinte: ‚Sei doch nicht so ungerecht!' Und bevor sie einschlief, fiel es ihr noch ein, eigentlich sei alles ungerecht, jeder Mensch, jedes Ding. Sicher sei auch der Stuhl ungerecht, der Schrank, der Tisch, das Fenster, der Hut, der Mantel, die Lampe. Vielleicht sei auch der Herr Reithofer trotzdem ungerecht, obwohl er wahrscheinlich gar nichts dafür kann."[73]

Michael Schneider: *Eine Tragödie der Dummheit* (1989)

Kritischer Essay

Der Essay des Publizisten Michael Schneider, der sich kritisch mit Horváths Roman auseinandersetzt, erschien in der von Marcel Reich-Ranicki initiierten FAZ-Serie *Romane von gestern – heute gelesen.*

---

69 (1890–1960), deutsche Schauspielerin und Star des Stummfilms.
70 (1897–1931), ungarische Tänzerin und Schauspielerin.
71 (1904–1983), mexikanische Schauspielerin.
72 (1891–1953), österreichische Schauspielerin und Filmproduzentin.
73 Horváth, *Das Fräulein wird bekehrt.*

„‚Nichts gibt so sehr das Gefühl der Unendlichkeit als wie die Dummheit', hat (…) Ödön von Horváth seinem bekanntesten Stück *Geschichten aus dem Wiener Wald* als Motto vorangestellt. Seither werden seine Volksstücke als „Tragödien der Dummheit" charakterisiert. Denn es ist der Bildungsjargon – jene grausige Mixtur aus Zeitung und Kanzel, aus Börsenbericht und Rednerschule, aus Büro-Welsch und höherer Lebensmaxime, aus Reiseprospekt und Schatzkästlein –, der Horváth'schen Angestellten, Kleinbürgern und Spießern das authentische Sprechen (die Artikulation ihrer wirklichen Bedürfnisse, Leiden und Probleme) nahezu unmöglich macht. Mit ihnen und ihrer gefährlichen Phraseologie hat Horváth, noch unerbittlicher als in seinen Theaterstücken, in seiner ersten größeren Prosa-Arbeit, seinem 1930 erschienenen Roman *Der ewige Spießer* abgerechnet.

Im Mittelpunkt des Romans steht die Reise des kaufmännischen Angestellten Alfons Kobler aus der Münchner Schellingstraße zur Weltausstellung nach Barcelona. Kobler ‚befand sich erst im siebenundzwanzigsten Lenz' – wie Ödön von Horváth – und begibt sich, mit sechshundert Mark in der Tasche, auf dieselbe Reise wie sein Autor, der gerade einen Vertrag mit dem Berliner Ullstein-Verlag abgeschlossen hat. Horváths Reiseerlebnisse spiegeln sich wider in den Erlebnissen Koblers und seines zeitweiligen Reisegefährten Rudolf Schmitz, eines Journalisten und Gelegenheitsliteraten, der gleichfalls Züge des Autors trägt.

Koblers und Schmitz' Reise nach Barcelona – auf dem Weg über Österreich, die Schweiz, Italien und Südfrankreich – gerät Horváth unversehens zu einer bitterbösen Kleinbürgersatire auf die klassische Bildungsreise. Ihre viel gerühmten Sehenswürdigkeiten prallen, nach einer durchzechten Nacht, an den verkaterten Hirnen der beiden Junggesellen ab. Ihr ‚Bildungserlebnis' bleibt sogar unter dem Niveau der Reiseprospekte.

Dafür führt uns Horváth durch die makabre Ruinen-Landschaft zeitgenössischen Bewusstseins. In den zahlreichen Passagieren, denen Kobler und Schmitz begegnen, hat er präzise Mosaiken provinzieller deutscher Geistesart und präfaschistischen Denkens festgehalten. Die mörderischen Bêtisen[74] der (durch den verlorenen Krieg und die Wirtschaftskrise demoralisierten und fanatisierten) deutschen Klein- und Besitzbürger, vor allem ihre antisemitischen Projektionen und nationalen Omnipotenzträume, blitzen in den Episoden dieser kleinen, stets wechselnden Reisegesellschaft schon gefährlich auf. Man spürt auf Schritt und Tritt: Diese ‚Geschäftsreise' führt – auf dem Umweg über den italienischen – zuletzt in den deutschen Faschismus."[75]

74 Frz. Dummheiten.
75 Schneider.

PRÜFUNGSAUFGABEN MIT MUSTERLÖSUNGEN 6

Die Zahl der Sternchen bezeichnet das Anforderungsniveau der jeweiligen Aufgabe.

Zwei weitere Aufgaben finden Sie nach kostenfreier Registrierung unter https://www.lektueren-verstehen.de in unserem Lektürehilfen-Portal.

Aufgabe 1 **

Erschließen Sie die angegebene Textstelle (S. 220: „Was ist in Spanien das Spanischste?" bis S. 223: „… denn es fiel ihr was Ungehöriges ein") aus dem Roman *Der ewige Spießer*. Berücksichtigen Sie dabei den Textzusammenhang, den Inhalt und den Aufbau der Szene, die sprachliche Gestaltung und die Struktur des Dialogs.

Mögliche Lösung in knapper Fassung:

Textzusammenhang:

- Vorgeschichte: Kobler, Schmitz und Rigmor besuchen in Barcelona einige Pavillons der Weltausstellung. Danach essen sie im Restaurant Miramar auf dem Montjuich (bzw. „Montjuïc") und schauen sich noch kurz den Vergnügungspark an
- Nachgeschichte: Kobler verbringt die Nacht im Hotelzimmer zusammen mit Rigmor.

Inhalt und Aufbau:

Dreiteiliger Aufbau der Textstelle: 1. Beschreibung der spanischen Mentalität und der Stierkampfarena; 2. Beschreibung des Stierkampfs an diesem Abend; 3. Reaktionen des Publikums und der drei Besucher Kobler, Schmitz und Rigmor.

Sprachliche Gestaltung:
Er-Erzählperspektive mit unterschiedlichem Tempus-Gebrauch (allgemeine Aussagen zum Stierkampf im Präsens, der Abend in der Arena im Imperfekt); Wechsel von nüchterner Beschreibung des Rahmens und dramatische Schilderung des Stierkampfs; einfacher Satzbau, jedoch mit aussagekräftigen Adjektiven und poetischen Stilmitteln (Personifizierung: der Matador als „der Tod persönlich"; Vermenschlichung des tierischen Opfers: der weinende Stier); die Darstellung des Stierkampfs zielt bewusst auf die Absurdität des Ablaufs und auf den Aspekt der Tierquälerei.

Die abschließenden Reaktionen des Publikums und der drei Besucher (teilweise in wörtlicher Rede):

- Ekstase des spanischen Publikums – eine typische Mentalität auf der Basis nationaler Stereotype (der stolze, traditionsbewusste Spanier mit Freude am edlen [?] Kampfritual)
- Rudolf Schmitz ist empört (Lustmord, Vivisektion, Menschen als Bestien wie im Ersten Weltkrieg, ein Fall für den Völkerbund) – eine typische Reaktion eines kritischen Intellektuellen?
- Alfons Kobler relativiert und stellt sich nicht der grundsätzlichen Frage (eigentlich eine „Schweinerei", aber die Toreros sind dennoch sehr beliebt) – eine typische Reaktion des Spießers?
- Rigmor hat vor allem Angst um die Stierkämpfer und mag das Geschehen gar nicht mehr anschauen, sie nähert sich schutzsuchend Alfons Kobler – die typische Reaktion einer jungen Frau?

Aufgabe 2 **

Erschließen Sie die angegebene Textstelle S. 157: „Was lesens denn da?" bis S. 160: „... und wandte sich seinem Fenster zu" aus dem Roman *Der ewige Spießer*. Berücksichtigen Sie dabei den Textzusammenhang, den Inhalt und den Aufbau der Szene, die sprachliche Gestaltung und die Struktur der mündlichen Kommunikation.
Versuchen Sie aus heutiger Sicht eine Erörterung der Frage, die im Abteil besprochen wird: Sollte man noch im Ausland Urlaub machen?

Mögliche Lösung in knapper Fassung:

Textzusammenhang:

- Vorgeschichte: Alfons Kobler hat mit einem Autoverkauf 600 Reichsmark erwirtschaftet und eine Bahnreise zur Weltausstellung in Barcelona 1929 gebucht. In München steigt er in den Zug; er hat in seinem Abteil einen Fensterplatz, ihm gegenüber sitzt ein Herr „mit einem energischen Zug, der sehr in seine Zeitung vertieft war" (156). Darin liest er gerade einen Artikel über das Thema „Nationalstolz". Koblers Banknachbar heißt Thimoteus Bschorr, der ihn auf seine Lektüre (Wörterbücher für die Reise) anspricht. In der anderen Ecke sitzt noch ein dritter Herr, zunächst müde lächelnd.

Fenster des Abteils	Der Herr mit dem energischen Zug Hotelier aus Partenkirchen	Der Herr in der Ecke
	Alfons Kobler	Thimoteus Bschorr Besitzer einer Ziegelei (früher Metzger)

- Nachgeschichte: Alfons Kobler setzt seine Reise über Österreich, Italien, Frankreich bis nach Spanien fort. Einige Passagiere steigen unterwegs aus, neue Mitreisende kommen ins Abteil, darunter auch der Journalist Rudolf Schmitz und später die Unternehmertochter Rigmor Erichsen.

Inhalt und Aufbau:
Zunächst handelt es sich um ein Zwiegespräch zwischen Kobler und Bschorr, dann mischen sich die beiden anderen Passagiere mit ein. Thematisch wechselt das Gespräch vom Small Talk („Was lesens denn da?") zur erregten politischen Diskussion. Schließlich löst sich das Gespräch wieder auf, weil der Herr in der Ecke das Abteil verlässt und Kobler sich demonstrativ abwendet.

Inhaltlich geht es zunächst um die Reiseroute von Alfons Kobler, dann aber um nationale Vorurteile und politische Ressentiments. Spanien wird als dreckiges Land bezeichnet; grundsätzlich wird verlangt, dass man in diesen Zeiten der Wirtschaftskrise sein Geld nicht ins Ausland tragen solle. Dagegen spricht aber das Ideal des freien Handels und des zivilisierten Austausches unter den Völkern. Später geht es um die gegenseitigen Aversionen zwischen Preußen und Bayern. Aus bayerischer Sicht wird die Regierung in Berlin herabgewürdigt („lauter Lumpen"), weil sie an der Verarmung des Mittelstandes schuld seien und alles Geld den Arbeitern zuschieben.

Struktur der Kommunikation:
Am Anfang ist die Kommunikation durch eklatante Missverständnisse geprägt. Auf die Frage „Was lesens denn da?", antwortet Kobler unpräzise „Ich fahr nach Barcelona". Darauf meint Herr Bschorr – seine geografische Unwissenheit demonstrierend – „Alsdann fahrens nach Italien". Dies kontert Kobler mit der Aussage, Barcelona liege „bekanntlich" in Spanien. Später fragt Bschorr nach der vorher nie erwähnten Stadt Madrid. Koblers Antwort darauf ist erneut unlogisch: „Madrid werde ich links liegen lassen (...). Ich möchte nur mal lediglich das Ausland sehen."

Bei der folgenden politischen Diskussion treffen Argumente und Vorurteile heftig aufeinander, eine gegenseitige Abwägung oder ein Kompromiss findet nicht statt.

Thimoteus Bschorr ist der Typus des bornierten, etwas ungebildeten Bayern, der sich von der Hauptstadt Berlin unterdrückt fühlt und das Feindbild des Preußen kultiviert.

Der Hotelier aus Partenkirchen erweist sich als glühender Nationalist und als Gegner der Arbeiterbewegung. Die deutsche Ehre und der Schutz des Mittelstandes sind seine zentralen Anliegen.

Alfons Kobler neigt grundsätzlich zum Widerspruch, sieht sich als Vertreter einer modernen Generation des Handels, die aber auf die nationale Ehre nicht verzichten will. Seine Gesprächspartner bezeichnet er pauschal als „Quadratidioten".

Der Herr in der Ecke ist eher einer linksliberalen Richtung zuzuordnen, er versucht die Argumente seiner Gesprächsgegner zu entkräften, indem er auf die neutrale Stellung Spaniens im Ersten Weltkrieg hinweist und die gegenseitige wirtschaftliche Abhängigkeit aller Länder voneinander betont. Die dumpfen Parolen des Bayern Bschorr lösen in ihm Traurigkeit aus: so viel Dummheit in einem so schönen Land!

Erzählerische Gestaltung:
Neutraler Er-Erzähler, der allerdings gewisse Sympathie mit dem Herrn in der Ecke zu haben scheint; Verwendung von Außen- und Innenperspektive; Dominanz der wörtlichen Rede, Erzählerberichte nur als Verbindungsglieder

Sprachliche Gestaltung:
Normalsprache und dialektal gefärbte Umgangssprache
Wertende Verben und Adjektive: brüllen, schnarren, toben, erregt
überwiegend parataktischer Satzbau

Mögliches Pro und Contra einer Erörterung:

Stärkung der heimischen Wirtschaft durch Urlaub im eigenen Land	Das Erleben von anderen Kulturen, die Beschäftigung mit anderen Sprachen im Urlaub
Kritik an klimaschädlichen Fernreisen mit dem Flugzeug	Überwindung von nationalistischen Vorurteilen durch Urlaub in anderen Ländern
Kürzere Anreise, daher mehr Zeit für den eigentlichen Urlaub	Insgesamt Erweiterung des Horizonts und Vermeidung von provinzieller Enge

Aufgabe 3 **

Konfrontation mit fiktiven Schreibanlässen

1. Versetzen Sie sich in die Rolle des Alfons Kobler bei seiner Bahnfahrt von München nach Barcelona und schreiben Sie einen inneren Monolog dieser Person in mehreren Etappen.
2. Sie sind der österreichische Journalist Rudolf Schmitz und sollen im Auftrag eines Abendblattes aus Prag eine Reportage über die Stadt Barcelona während der Weltausstellung 1929 schreiben. Orientieren Sie sich dabei an den Seiten 215–228.

Mögliche Lösung in knapper Fassung:

Da es sich um eine kreative Aufgabe handelt, kann hier keine allgemeingültige Lösung vorgegeben werden. Entscheidend ist die Orientierung an der genannten Textstelle und die Eigenständigkeit der Textfassung.

Aufgabe 4 ***

- Verfassen Sie eine Bildbeschreibung des Werks *Selbstbildnis mit Modell* von Ernst Ludwig Kirchner. Beachten Sie dabei die Größenverhältnisse, die Körperhaltungen und die Gesichtszüge.
- Vergleichen Sie diese Momentaufnahme mit den Kapiteln 5 und 6 (Teil 3) des Romans *Der ewige Spießer* (S. 241 „Der Radierer Achner hatte sein Atelier …“ bis S. 244 „… während Anna sich auszog“).
- Analysieren Sie anhand der Ergebnisse aus der Bildbetrachtung und aus dem Textvergleich die Rolle der Frau bei dem Gemälde und in Horvaths Roman.

Mögliche Lösung in knapper Fassung:

Bildbeschreibung: Ein Hauch von Erotik liegt in der Luft. In einem intimen Moment gewährt Kirchner Einblick in sein Dresdner Atelier. Diese Ateliersituation ist ein typisches Motiv der 1905 gegründeten Künstlergemeinschaft

Ernst Ludwig Kirchners *Selbstbildnis mit Modell* (1907)

„Brücke". Sie bietet dem Maler die Möglichkeit, sich als Freigeist darzustellen – als Bohemien, der die bürgerliche Moral hinter sich lässt, der malt, lebt und liebt, wie ihm der Sinn steht. Im Hintergrund sitzt eine leicht bekleidete Frau und posiert für ihn. Das Gesicht des Modells verrät keine Regung, aber ihre linke Hand fasst an die Innenseite des rechten Schenkels. Ihre Beine sind leicht gespreizt. Das Modell ist Kirchners damalige Freundin und Muse Doris Große, genannt „Dodo". Mit ihrer Pose bestärkt sie den Maler in seiner Selbstinszenierung als bewunderungswürdigen und begehrenswerten Mann. Kirchners eigenes Gesicht ist inspiriert von geschnitzten Masken und Figuren der Völker Ozeaniens und Afrikas. Er sehnt sich nach Ursprünglichkeit, nach einem Leben in Harmonie mit der Natur.

Die Atelierszene im Roman: Der Münchner Mietnachbar Kastner empfiehlt Anna – letztlich aus eigensüchtigen Interessen – „prächtige Entfaltungsmöglichkeiten" (238) als Modell bei dem Kunstmaler Achner (zehn Mark pro Sitzung). Achner erweist sich als „komplizierter Charakter" (241), als ein Original, der einerseits die Spießbürger verachtet, „weil sie nichts für die wahre Kunst übrighätten" (242), andererseits aber manchmal von einem bürgerlichen Leben mit Frau und Kindern träumt. Im Mittelpunkt seines Ateliers steht eine Art Hausaltar mit einer großen Buddha-Figur. Er sieht sich als Beispiel eines elitären Geistes, der sich über seine Zeit erhoben hat.

Anna zieht sich für die Sitzung hinter einer spanischen Wand aus, wobei Achner ihr die Angst nehmen will, indem er beteuert, das Schamgefühl sei nur eine abwegige Erfindung des Christentums. An diesem Tag kommt unerwarteter Besuch ins Atelier: der Eishockeyspieler Harry Priegler, der nach kurzer Unterhaltung Anna zu einer Spritztour an den Starnberger See mit seinem Sportwagen einlädt.

Die Rolle der Frau: Die Frau im Hintergrund, die Frau als Objekt männlicher Begierden. So ist z. B. Kastners Hilfe gegenüber Anna letzten Endes von egoistischen Motiven bestimmt: „Ich biete ihnen eine Gelegenheit, um in bessere Kreise zu gelangen. (...) Sie könnten sich spielend zehn Mark verdienen und hätten prächtige Entwicklungsmöglichkeiten" (238). Der Radierer Achner betrachtet Anna als Dienstleisterin, die er nebenbei mit seinen Vorstellungen von Spießbürgerlichkeit und falschem Schamgefühl indoktrinieren kann. Als Kastner später ins Studio kommt, ist Anna schon mit

Harry Priegler auf einem Ausflug. Die beiden Herren bedauern das, denn sie wollten offensichtlich Anna mit Alkohol und Musik gefügig machen: „Es wäre ganz leicht gegangen mit deinem Grammophon, sie war ja ganz gerührt, dass ich ihr das hier beschafft hab, und sie hat eine feine Haut" (248).

Fazit: einseitige Abhängigkeit zwischen Maler und Modell; künstlerische Freiheit trifft auf die Dienstleistung des Verkaufens des eigenen Körpers, für Horvath wohl schon eine Vorstufe der Prostitution (entfremdete Arbeit).

Lernskizze 1: Zugehörigkeit zu einer sozialen Gruppe

Horváth sieht alle Personen als Vertreter des Kleinbürgertums, dennoch lässt sich eine gewisse soziale Rangliste feststellen:

Figur	Soziale Gruppe
die (ehemalige) Hofopernsängerin	wohlhabende Witwe eines Honorarkonsuls mit Villenbesitz in München
Rigmor Erichsen	Tochter eines wohlhabenden Unternehmers
Frau Perzl	wohlhabende Beamtenwitwe mit Immobilienbesitz
Rudolf Schmitz	Journalist mit hoher Allgemeinbildung
Harry Priegler	erfolgreicher Profi-Sportler, der auch vom Geld wohlhabender Eltern lebt
die Tante von Anna Pollinger	Immobilienbesitz (Mieteinnahmen), Führung eines kleinen antiquarischen Geschäfts
Künstler Achner	Boheme-Künstler
Graf Blanquez	Angehöriger des seit 1918 deklassierten Adels
Herr Kastner	Zahntechniker beim Militär mit mittlerem Einkommen
Alfons Kobler	Selbstständiger; von dubiosen „Geschäften" abhängig
Eugen Reithofer	arbeitsloser Kellner, in finanziellen Nöten
Anna Pollinger	prekäre Lebenssituation: arbeitslos, zur Prostitution gezwungen
Margarethe Swoboda	Soldatenwitwe mit prekärer Lebenssituation: Prostitution als Ausweg

Lernskizze 2: Aus dem Zitatenschatz des ewigen Spießers (Teil 1)

Person	Zitat	Seite
Kobler	„Jetzt fällts mir erst auf, wie alt dass die schon ist." (über die ehemalige Hofopernsängerin)	137
Kobler	„Ich muss mich mit ihm vertragen, weil ich oft geschäftlich mit ihm zusammenarbeiten muss." (über den Graf Blanquez)	141
Graf Blanquez	„Wenn du mir folgst, fährst du einfach auf zehn Tag in ein Luxushotel, lernst dort eine reiche Frau kennen, und alles Weitere wird sich dann sehr leger abspielen (…)" (zu Kobler)	142
Kobler	„Heutzutage muss man über Leichen gehen, wenn man was erreichen will."	144
Kobler	„Für die Kunst hab ich schon gar nichts übrig! Dafür interessieren sich doch nur die Weiber von den reichen Juden (…)"	146
Kobler	„Am Ende ist es anscheinend ganz wurscht, wer so einen Krieg gewinnt (…)"	151
Kobler	„Was wär das für ein Unglück, wenn alle Leut Angestellte wären, wie sich das der Marxismus ausmalt (…) durch diese drohende Sozialisierung würden halt viele Werte brachliegen (…) weil halt die persönliche Initiative zerstört wär."	155
Hotelbesitzer aus Partenkirchen	„Ein Deutscher sollte sein ehrlich erworbenes Geld in diesen wirtschaftlich depressiven Zeiten unter keinen Umständen ins Ausland tragen!"	158
Thimoteus Bschorr	„Wer geht denn zgrund? Der Mittelstand! Und wer kriegt des ganze Geld vom Mittelstand? Der Arbater!"	159 f.
Hofrat	„Hoffentlich erlaubts mir unser Herrgott noch, dass ichs erleb, wie alle Sozis aufgehängt werden (…)"	165
Hofrat	„man kann sich doch nicht alles von den Juden gefallen lassen!"	165
der Nervöse	„Das alles war früher Südtirol (…) Bolzano hieß früher Bozen (…)"	170 f.
Gast im Speisewagen	„Mein Ideal ist der Süditaliener, der sich Tag und Nacht am Meeresstrande sonnt, nie etwas tut und überaus genügsam ist (…) auch unsere deutschen Arbeiter wären glücklicher, wenn sie genügsam wären (…) das konservative Element müsste sich international zusammenschließen (…)"	173 f.
Kobler	„Marseille muss ja eine grandiose Hurenstadt sein (…)"	180
Kobler	„Ich persönlich halt nicht viel von Revolutionen (…) Ich hätt zwar wirklich nichts dagegen, wenn es jedem besser ging, aber ich glaub halt, dass die revolutionären Führer keine Kaufleut sind, sie haben keinen kaufmännischen Verstand."	182

Lernskizze 3: Aus dem Zitatenschatz des ewigen Spießers (Teil 2)

Person	Zitat	Seite
Rudolf Schmitz	„Vergessens bitte nur ja nicht, dass die Vereinigten Staaten von Nordamerika Europa zu einer Kolonie degradieren wollen (…)“ (zu Kobler)	189
Kobler	„Das ist aber eine eigenartige Speis (…) ich glaub, dass da viele exotische Zutaten drin sind.“ (über eine Fischsuppe in Marseille)	198
Rudolf Schmitz	„In Hafenstädten soll man sowas ja überhaupt nicht machen, schon wegen der gesteigerten Ansteckungsgefahr. Hier ist doch alles krank.“ (über die Bordellszene in Marseille)	200
Rudolf Schmitz	„wir erlebens ja gerade, dass der Kommunismus weit darüber hinausgeht und unsere ganze europäische Zivilisation vernichten will!“	201
Rigmor Erichsen	„Ja, die Juden machen die Arbeiter ganz gehässig (…) ich kann die Juden nicht leiden (…) es ist sehr schad, dass wir kein Militär mehr haben, besonders für diese halbwüchsigen Arbeiter und das Pack! (…) diese Linksparteien verwerf ich radikal, weil sie immer wieder das Vaterland verraten.“	212
Kobler	„die Frauenfrage interessiert mich nicht, mich interessiert nur die Frau!“	213
Kobler	„Zurzeit werden wir Deutschen von den übrigen Nationen bloß betrogen (…)“	218
Kobler	„Wenn halt Deutschland auch noch so eine Armee hätt (…) dann könnten wir freilich leicht unsere alte Vormachtstellung zurückerobern (…)“	218
Kobler	„So ein Torero ist ein sehr angesehener Mann und ein rentabler Beruf (…) es ist natürlich eine Schweinerei, aber er wird ja sogar vom König empfangen (…)“	223
Ein älterer Herr	„Soweit ich die Franzosen kenne (…) werden sie niemals das Rheinland räumen! Freiwillig nie, es sei denn, wir zwingen sie mit Gewalt!“	230
Kastner	„Was ich ihnen vorwerfe, ist einfach dies: dass sie sich vergeuden! Heutzutage muss man auch seine Sinnlichkeit produktiv gestalten!“	237
Kunstmaler Achner	„Ich hasse nämlich das Schema, ich bin krassester Individualist, hinter mir steht keine Masse, auch ich gehöre zu jener unsichtbaren Loge wahrer Geister, die sich über ihre Zeit erhoben haben (…)“	244
Harry Priegler	„Wieso kommt es nur, dass ich bei Frauen soviel Glück hab? (…) Ich kann jede Frau haben, aber das ist halt nicht das richtige.“	253
Kobler	„Das sind halt diese fürchterlichen Zeiten, Europa muss sich halt einigen, oder wir gehen noch alle zugrund!“	258
Reithofer	„Also, wenn jetzt die Welt zusammenstürzt (…) jetzt riskier ich noch dreißig Pfennig und kauf mir ein Glas Bier!“	266

Lernskizze 4: Zur Typologie des Spießers

Politische Desorientierung

- Abgrenzungsbestrebungen gegenüber dem Proletariat
- arbeiterfeindliche Haltung (Angst vor sozialer Vereinnahmung und Einholung)
- Ambivalenz zwischen dem objektiven soziologischen Standort und dem subjektiven Dünkel des Kleinbürgers und Spießers

Opportunismus im Denken und Handeln

- grundsätzliche Tendenz zur politischen Rechten, aber offen für Anpassung im Falle des Wechsels der herrschenden Kräfteverhältnisse
- charakterliche Flexibilität

erklärter Egoismus

- Ellbogenmentalität
- Ablehnung sozialistischer Ideen mit Argumenten der traditionellen bürgerlich-kapitalistischen Ideologie

Kaltschnäuzigkeit gegenüber dem anderen Geschlecht (vornehmlich Männer gegenüber Frauen)

- Ausbeutung der Frau durch den Mann
- Rechtfertigung der sexuellen Fixiertheit und der Urtriebe der Männer, damit auch Rechtfertigung der Prostitution
- Herabwürdigung der Frau zur Ware
- sexuelle Eroberung ist nur eine Frage der Investition

Lernskizze 5: Literarische Vergleiche

Lion Feuchtwanger,
Erfolg (Roman, 1930)

ASPEKTE DES VERGLEICHS:
- Schauplatz: München
- Zeit: um 1930
- politisches Umfeld: Aufstieg des Nationalsozialismus
- Sprachstil mit bayerischen Dialektausdrücken

Heinrich Mann,
Der Untertan (Roman, 1918)

ASPEKTE DES VERGLEICHS:
- Typus der Hauptperson Diederich Heßling: autoritär, obrigkeitsgläubig, dabei feige und ohne Zivilcourage
- Kritik am Nationalismus und am Chauvinismus
- Rolle der Frau

Bertolt Brecht,
Die Kleinbürgerhochzeit
(Schauspiel, Einakter 1919)

ASPEKTE DES VERGLEICHS:
- soziale Schicht des Kleinbürgertums
- Kritik am spießbürgerlichen Verhalten
- Nähe zur sprachlichen Komik eines Karl Valentin oder Gerhard Polt

Oskar Maria Graf,
Anton Sittinger (Roman, 1937)

ASPEKTE DES VERGLEICHS:
- Typus der Hauptperson: kleinbürgerlich, unpolitisch, opportunistisch
- Politisches Umfeld: Aufstieg des Nationalsozialismus in der Weimarer Republik
- Schauplatz: München und Oberbayern

Max Frisch,
Biedermann und die Brandstifter
(Schauspiel, Parabel, UA 1958)

ASPEKTE DES VERGLEICHS:
- Typus der Hauptperson Gottlieb Biedermann (schon im Nachnamen erkenntlich)
- Opportunistischer Geschäftsmann, der unerwünschte Entwicklungen (z. B. die Machtergreifung totalitärer Gruppierungen) einfach ignoriert
- Kritik an der Kooperation von Unternehmertum und Faschismus

Marieluise Fleißer,
Pioniere in Ingolstadt
(Komödie, 1929)

ASPEKTE DES VERGLEICHS:
- Rolle von jungen Mädchen ohne feste Anstellung (Berta, Alma) in einer von Männern dominierten Gesellschaft
- Schauplatz: Oberbayern

Lernskizze 6: Die „Bildungs-“ bzw. Geschäftsreise von Alfons Kobler

Mitreisende im Zugabteil:

München – Partenkirchen	Kobler + Thimoteus Bschorr, der gegenübersitzende Herr (Hotelier aus Partenkirchen), ein Herr in der Ecke
Partenkirchen – Mittenwald	Kobler + der Herr in der Ecke (früher Lehrer, jetzt Vertreter für Zahnpasta)
Mittenwald – Brenner	Kobler + österreichischer Hofrat, Mann aus dem Volke
Brenner – Bozen	Kobler + Herr Albert Hausmann, Herr Franz Karl Zeisig, ein nervöser deutscher Italienreisender, der italienische Spitzel, der gar kein Spitzel ist
Bozen – Verona	Kobler + ein Herr aus Weimar
Verona – Tarascon	Kobler + ein schlafender Herr im Regenmantel (Rudolf Schmitz aus Wien)
Tarascon – Barcelona	Kobler + Rudolf Schmitz, eine attraktive Dame (Rigmor Erichsen)
Barcelona – Genf – München	Kobler + ein älterer Herr, ein freundlicher Herr

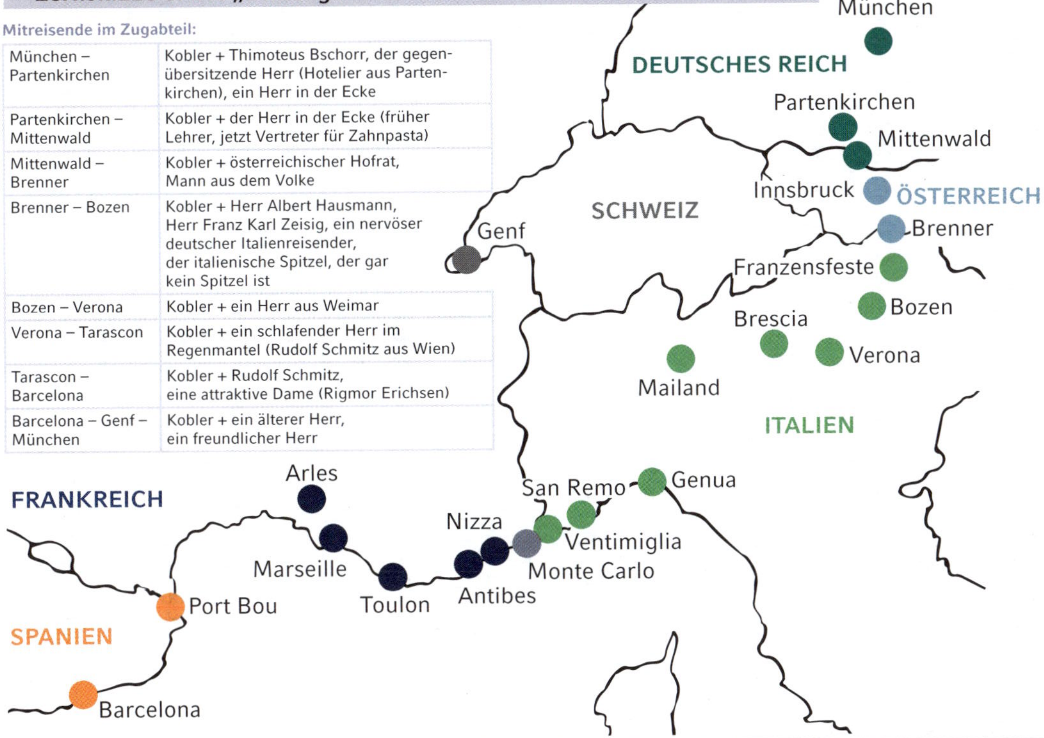

LITERATUR

Zitierte Ausgabe:

Horváth, Ödön von: *Der ewige Spießer.* In: Ders.: Gesammelte Werke. Kommentierte Werkausgabe in Einzelbänden, Band 12. Hrsg. v. Traugott Krischke unter Mitarbeit von Susanna Foral-Krischke. Frankfurt/Main: Suhrkamp, 2001, 7. Aufl. 2019, S. 127–275.

Weitere Ausgaben:

Horváth, Ödön von: *Der ewige Spießer.* Berlin: Propyläen, 1930.

Horváth, Ödön von: *Der ewige Spießer.* Wien: Bergland, 1965.

Horváth, Ödön von: *Der ewige Spießer.* Berlin: Volk und Welt, 1971.

Horváth, Ödön von: *Der ewige Spießer.* (Wiener Ausgabe sämtlicher Werke, Band 10). Hrsg. v. Klaus Kastberger und Kerstin Reimann. Berlin: de Gruyter, 2010.

Weitere Werke des Autors:

Horváth, Ödön von: *Das Fräulein wird bekehrt.* In: Hermann Kesten (Hrsg.): 24 neue deutsche Erzähler. Frühwerke der Neuen Sachlichkeit. Berlin: Gustav Kiepenheuer Verlag, 1929, S. 396–402.

Horváth, Ödön von: *Ein Kind unserer Zeit.* Frankfurt/Main: Suhrkamp, 2001.

Horváth, Ödön von: *Geschichten aus dem Wiener Wald. Mit der „Gebrauchsanweisung“ des Autors für seine Stücke.* Frankfurt/Main: Suhrkamp, 5. Aufl. 2019.

Horváth, Ödön von: *Glaube Liebe Hoffnung. Ein kleiner Totentanz.* Frankfurt/Main: Suhrkamp, 2008.

Horváth, Ödön von: *Italienische Nacht.* Frankfurt/Main: Suhrkamp, 1974.

Horváth, Ödön von: *Jugend ohne Gott.* Roman. Frankfurt/Main: Suhrkamp, 2008.

Horváth, Ödön von: *Kasimir und Karoline.* Frankfurt/Main: Suhrkamp, 1972.

Horváth, Ödön von: *Sechsunddreißig Stunden.* In: Ders.: Gesammelte Werke Band 12, Frankfurt/Main: Suhrkamp, 2019 (7. Auflage 2019), S. 9–125.

Horváth, Ödön von: *Sportmärchen.* Mit einem Nachwort von Traugott Krischke. Frankfurt/Main: Insel Verlag, 1971.

Weitere Primärliteratur:

Grosz, Georg: *Der Spießer-Spiegel & Das neue Gesicht der herrschenden Klasse.* Frankfurt/Main: Büchergilde Gutenberg, 1974.

Meyrink, Gustav: *Des deutschen Spießers Wunderhorn. Novellen.* Hrsg. v. Marco Frenschowski. Wiesbaden: Marix-Verlag, 2014.

Sekundärliteratur:

Balme, Christopher: *Horváths Theorie des Theaters.* In: Nicole Streitler-Kastberger u. Martin Vejvar (Hrsg.): „Ich denke ja gar nichts, ich sage es ja nur." Ödön von Horváth – Erotik, Ökonomie und Politik, Salzburg: Jung und Jung Verlag, 2018, S. 37–47.

Bartsch, Kurt: *Ödön von Horváth.* Stuttgart/Weimar: Metzler, 2000 (Sammlung Metzler, Band 326).

Bertschik, Julia: *„Affektives Kapital". Zur Vernetzung von Erotik, Geschlecht und Politik bei Ödön von Horváth.* In: Nicole Streitler-Kastberger u. Martin Vejvar (Hrsg.): „Ich denke ja gar nichts, ich sage es ja nur." Ödön von Horváth – Erotik, Ökonomie und Politik, Salzburg: Jung und Jung Verlag, 2018, S. 147–157.

Eckhardt, Juliane: *Horváths Romane unter literaturdidaktischem Aspekt.* In: Traugott Krischke (Hrsg.): Horváths Prosa. Frankfurt/Main: Suhrkamp, 1989, S. 220–260.

Emrich, Wilhelm: *Die Dummheit oder das Gefühl der Unendlichkeit: Ödön von Horváths Kritik.* In: Ders.: Geist und Widergeist. Wahrheit und Lüge der Literatur. Studien. Frankfurt a. M., Athenäum Verlag, 1965, S. 185–198.

Enzensberger, Hans Magnus: *Von der Unaufhaltsamkeit des Kleinbürgertums. Eine soziologische Grille.* In: Kursbuch, Nr. 45/1976, Berlin: Rotbuch Verlag, 1976, S. 1–8.

Erken, Günther: *Ödön von Horvath: „Geschichten aus dem Wiener Wald".* In: Jan Berg u.a. (Hrsg.): Von Lessing bis Kroetz. Einführung in die Dramenanalyse. Kronberg/Ts.: Scriptor Verlag, 1975, S. 138–179.

Fritz, Axel: *Ödön von Horváth als Kritiker seiner Zeit.* In: Dieter Hildebrandt u. Traugott Krischke (Hrsg.): Über Ödön von Horváth. Frankfurt/Main: Suhrkamp, 1972, S. 46–58.

Glaser, Hermann: *Spießer-Ideologie. Von der Zerstörung des deutschen Geistes im 19. und 20. Jahrhundert und dem Aufstieg des Nationalsozialismus.* Frankfurt/Main: Fischer Taschenbuch, 1985 (Originalausgabe: Freiburg i. Br.: Rombach Verlag, 1964).

Jaeggi, Urs: *Zwischen den Mühlsteinen. Der Kleinbürger oder Die Angst vor der Geschichte*. In: Kursbuch, Nr. 45/1976, Berlin: Rotbuch Verlag, 1976, S. 151–170.

Kajetzke, Laura: *Der Spießer.* In: Stephan Möbius u. Markus Schroer (Hrsg.): Diven, Hacker, Spekulanten. Sozialfiguren der Gegenwart. Frankfurt/Main: Suhrkamp, 2010, S. 366–380.

Karasek, Hellmuth: *Das Prosawerk von Ödön von Horváth.* In: Dieter Hildebrandt u. Traugott Krischke (Hrsg.): Über Ödön von Horváth. Frankfurt/Main: Suhrkamp, 1972, S. 79–82.

Kastner, Heidi: *Dummheit.* Wien: Kremayr & Scheriau, 2021.

Krammer, Jenö: *Ödön von Horváths Romane.* In: Österreich in Geschichte und Literatur, Heft 5 (1969), S. 240–251.

Krischke, Traugott: *Ödön von Horváth. Kind seiner Zeit.* München: Wilhelm Heyne Verlag, 1980.

Krischke, Traugott / Prokop, Hans P.: *Ödön von Horváth. Leben und Werk in Dokumenten und Bildern.* Frankfurt/Main: Suhrkamp, 1972.

Krischke, Traugott / Prokop, Hans P.: *Ödön von Horváth. Leben und Werk in Daten und Bildern.* Frankfurt/Main: Insel Verlag, 1977.

Krovoza, Alfred / Oestmann, Axel R.: *Kleinbürger in Deutschland. Soziale und politische Konturen einer „verhinderten" Klasse.* In: Kursbuch, Nr. 45/1976, Berlin: Rotbuch Verlag, 1976, S. 49–60.

Maier, Erwin: *Ödön von Horváths „Der ewige Spießer". Milieu, Entstehung und der Typus des Spießers.* München: GRIN Verlag, 2002.

Müller-Funk, Wolfgang: *Die Eroberung der Welt durch das Kleinbürgertum. Lion Feuchtwangers „Erfolg" und Horváths „Ewiger Spießer".* In: Traugott Krischke (Hrsg.): Horváths Prosa. Frankfurt/Main: Suhrkamp, 1989, S. 57–73.

Pichler, Meinrad: *Von Aufsteigern und Deklassierten. Ödön von Horváths literarische Analyse des Kleinbürgertums und ihr Verhältnis zu den Aussagen der historischen Sozialwissenschaften.* In Traugott Krischke (Hrsg.): Ödön von Horvat. Frankfurt/Main: Suhrkamp (Reihe suhrkamp taschenbuch materialien), 1981, S. 67–86.

Rickens, Christian: *Die neuen Spießer. Von der fatalen Sehnsucht nach einer überholten Gesellschaft.* Berlin: Ullstein, 2007.

Schneider, Hansjörg: *Der Kampf zwischen Individuum und Gesellschaft.* In: Dieter Hildebrandt u. Traugott Krischke (Hrsg.): Über Ödön von Horváth. Frankfurt/Main: Suhrkamp, 1972, S. 59–70.

Schneider, Michael: *Eine Tragödie der Dummheit. Über Ödön von Horváth: „Der ewige Spießer" (1930)*. In: Marcel Reich-Ranicki (Hrsg.): Romane von gestern – heute gelesen. Band 2: 1918–1933. Frankfurt/Main: Fischer Verlag 1989, S. 236–244.

Seeßlen, Georg: *Wir Kleinbürger. Klassenfragen und Macht.* In: die tageszeitung (taz), 20.1.2021. Abrufbar unter: https://taz.de/Klassenfragen-und-Macht/!5741909/.

Steets, Angelika: *Erzähler und Erzählsituation bei Ödön von Horváth.* In: Traugott Krischke (Hrsg.): Ödön von Horvat. Frankfurt/Main: Suhrkamp (Reihe suhrkamp taschenbuch materialien), 1981, S. 87–124.

Wambsganz, Friedrich: *Ödön von Horváths Roman „Der ewige Spießer" dramatisiert.* Norderstedt: Books on Demand, o. J.

Wapnewski, Peter: *Ödön von Horváth und seine „Geschichten aus dem Wiener Wald"*. In: Manfred Brauneck (Hrsg.): Das deutsche Drama vom Expressionismus bis zur Gegenwart. Bamberg: C. C. Buchners Verlag, 4. Aufl. 1976, S. 118–138.

Wiese, Benno von: *Ödön von Horváth.* In: Traugott Krischke (Hrsg.): Ödön von Horváth. Frankfurt/Main: Suhrkamp (Reihe suhrkamp taschenbuch materialien), 1981, S. 7–45.

Wolf, Norbert Christian: *Der Dramatiker Horváth als Soziologe.* In: Nicole Streitler-Kastberger u. Martin Vejvar (Hrsg.): „Ich denke ja gar nichts, ich sage es ja nur." Ödön von Horváth – Erotik, Ökonomie und Politik, Salzburg: Jung und Jung Verlag, 2018, S. 201–215.